晶片陷阱

霸權國家操縱、肢解他國企業的黑暗內幕

LA PUCE ET LE MORPION:
LES DESSOUS DU RAID DE LA CIA
SUR LA PREMIÈRE LICORNE FRANÇAISE

晶片陷阱

霸權國家操縱、肢解他國企業的黑暗內幕

馬克·拉敘斯(Marc Lassus)　古文俊 ◎著

法意 ◎譯

香港中和出版有限公司
www.hkopenpage.com

我要將此書獻給卓越的里昂國立應用科學學院。母校六十年如一日地秉持着法國最為純正的傳統，在追求科技領先的同時大膽創新，培養出了一代代卓越的工程師。

　　母校培養了我諸多能力，我堅信法國也能夠創造出世界一流的高科技。里昂國立應用科學學院在法國內外的其他分校也都秉持着相同的信念。

　　我還要將此書獻給我在中國的夥伴以及合作方，是他們幫助金普斯公司成為全球道德與成功的典範。

馬克·拉敘斯

目　錄

繁體版序言

一段讓晶片卡成為 21 世紀標誌的驚人歷程

如今，世界各國正進行着一場無情的戰爭，以確保自己在經濟和政治領域得以凌駕於世界其他國家之上。而美國不斷施以恫嚇、設下圈套，用種種詭計阻礙法國工業的繁榮，特別是在高科技領域的產業。

事實上，在唐納德‧特朗普的高壓下，很多法國的大公司，比如空客、道達爾和標緻雪鐵龍都被迫離開某些國家（如伊朗），儘管這些公司在那裡有大量的投資。這樣的例子還有很多，比如在法國阿爾斯通公司被美國通用電氣公司「肢解」一事中，美國政府便是幕後主使。[①]

美國對中國公司的攻擊更是數不勝數：華為、字節跳動、

---

① 出自弗雷德里克‧皮耶魯齊. 美國陷阱. 香港：香港中和出版有限公司，2019.

中興……

難以相信美國會做出這些事？然而，大約在 20 年前，美國針對發明晶片卡的公司的第一波攻擊便已經開始了。這家公司便是位於法國南部城市熱姆諾的金普斯（GEMPLUS）。馬克‧拉敘斯在那裡發明了晶片卡，並大獲成功。

這款產品在法國被稱為「la carte à puce」，在英語國家被稱為「Smart Card」，在西班牙語國家被稱為「tajeta con chip」，在中國則被稱為「晶片卡」[①]。它其實就是一種保護持有者個人私密信息的微型數字計算機。如今最好的晶片卡莫過於我們手機裡的 SIM 卡（用戶身份識別卡）。

在馬克‧拉敘斯的推動下，金普斯成為這一行業無可爭議的全球領導者。在不到十年的時間裡，他就將金普斯變成了世界一流的公司，早在我們目前經歷的數字經濟騰飛時代之前，金普斯就已經打破了各項增長紀錄。如果將拉敘斯和著名的 Facebook 創始人馬克‧朱克伯格相比，前者用了更少的時間便達到了 20 億活躍用戶的目標，並在全球創造了超過 1 萬個就業崗位。中國很早就同金普斯建立了穩定的合作關係。

對於所有參與者，包括公司職員、合作夥伴、投資者及相關國家而言，金普斯的故事本應是一場非凡的歷程。但是在公司成立十年之後，一場災難發生了 —— 這家公司被美國情報部門盯上

---

① 「晶片卡」即通常所稱的「智能卡」。

了。他們意識到，一旦掌控了這家世界上最大的 SIM 卡製造商，便能擁有前所未有的情報偵察能力，監測範圍可覆蓋全人類。馬克·拉敘斯識破了這一伎倆，卻沒有人願意聽他的解釋。

馬克·拉敘斯之所以選擇現在發聲，是因為所有關於金普斯事件的說辭與報道，都沒有涉及他本人對事實的看法。而他，才是這場甚至可以被改編成電影的鬧劇的主角。事實上，本書揭示的正是拉敘斯同世界上最有權勢的人打交道的故事。他曾享有盛名，甚至登上過《華爾街日報》《金融時報》以及法國的《挑戰》週刊、《論壇報》和《回聲報》等著名報刊的新聞頭條。不過很不幸，這並沒有讓他倖免於難，美國不斷逼他繳械投降，甚至對他施加經濟和精神上的雙重壓力。

因此，通過本書我們能夠更好地理解金普斯（現為金雅拓）是如何在飛行中被斬斷雙翼，接着進入漫長的動盪期，經歷接連不斷的戰略失誤而最終進入重組計劃的。奇怪的是，回顧歷史可以發現，2019 年法國政府選擇出面調和並繼續注資泰雷茲集團（一家以設計、開發和生產航空、國防和信息技術服務產品著稱的專業電子高科技公司），卻對金普斯和拉敘斯放任不管。

馬克·拉敘斯是一個與眾不同的人物。正是因為他富有遠見，執着於將晶片做小，將生產線擴大，才能最終把價格一降再降，使晶片進入了每位用戶的口袋，而他完全能夠引以為豪。

經過頑強的鬥爭，馬克·拉敘斯得以涅槃重生。如今，他致力於發展可再生能源事業。

　　他在反思自己過去在美國掠奪者攻擊之下的做法時，也發現了對方的弱點。在他看來，美國的弱點正變得越來越明顯。他建議中國和法國應該與歐洲的其他國家以及非洲展開密切的合作。

　　馬克・拉敘斯的經歷突出說明了科技進步是屬於全人類的，但科技產業卻越發成為各國之間較量的戰略領域。國際上重大經濟議題必然會牽扯到冷酷無情的政治鬥爭，有些國家甚至為此不惜通過霸權主義，採取卑鄙手段來達到目的。「金普斯事件」稱得上是其中的典型案例，它揭示了當時運行機制的內幕，讀者在知悉之後會感到震驚和難以置信。

　　近幾年，中國面臨的國際地緣政治關係日益複雜，重大雙邊關係矛盾日益尖銳，中國晶片業的發展也因此受到諸多遏制和打壓，全球華人普遍感到憤怒和不平。但這本書的故事告訴我們，我們並不孤獨。遏制和打壓恰恰是我們成長過程中的必修課。中國大陸擁有巨大的市場，強大的產業能力；香港特別行政區作為中國的對外窗口，深諳國際運行規則；而臺灣地區，擁有全球晶片產業先進的製造技術及人才積累；而全球各地眾多聰明勤勞的華人華僑，更是日夜心繫祖國發展，期待為祖國的世紀復興添磚加瓦。

　　我們處在一個變革的時代，面臨世紀挑戰及機遇，問題不在於別人的打壓，而在於我們能否保持定力，沉着應對，做正確的事情。

古文俊

序　章

跳蚤與蝨子

《跳蚤與蝨子》[1]，這個書名看起來像是寓言故事的標題，但這並非寓言故事。這是一段真實的故事，一段親歷的故事。這是我的故事。

對於出生在法國西南部比利牛斯山深處的我來說，這段不同尋常的人生經歷本不該發生。

但為何今日我決定重新提及這段始於第二次世界大戰前夕的往事呢？有以下幾點原因。

首先，我有義務向成千上萬的合作方説出真相，他們曾協助我創造了晶片卡。晶片卡正是由我之前所在的公司金普斯在法國南部研發的。

---

[1] 本書法文版書名 *La Puce et le Morpion* 的直譯。

其次，我希望回應親友們懇切的要求，他們只見證了這段歷史的局部，卻常常忽視了真相的全貌。作為主要參與者，我應該向他們坦誠地展示故事的全部脈絡。

最後，也是出於對我家人的尊重。他們已經承受了太多的痛苦，特別是大量書籍和報紙中記載的那些被歪曲的、有失公允的事實，而我從未有機會讓別人聽到我的聲音。強大的政治機構和金融機構四處散播着假消息，而其中大部分是美國的機構。它們希望通過將我妖魔化來洗脫它們掠奪法國一家年輕企業的罪名。

那麼在這段故事中「蝨子」做了甚麼呢？

經過仔細思考，我認為這個故事的主人公最終得以存活於世，有賴於他對勝利的執着，以及為了活着而抗爭到底的精神。

我最終得以幸存，首先應該歸功於我特殊的家庭環境，它讓我跨越了許多障礙。我出生於巴斯克地區的一個名叫莫萊翁利沙爾的小鎮，在家中排行老大，父母曾是貝阿恩的年輕教師。父母對待教育事業以及他們的學生，就如同傳教士般全身心地投入，無時無刻不散發着活力與勇氣。此外，他們都發自內心地熱愛運動。

然而，我的童年卻極不尋常。

我出生在爺爺奶奶家，那時連嬰兒保溫箱都不常見。出生後沒幾天，我便被診斷出喉嚨處患有蜂窩織炎。這種病足以奪走我年幼的生命，但一位年長的鄉村醫生成功地挽救了我。

雖然情況很快有所好轉，但我的身體依然很虛弱。四歲時，

小兒麻痹症又折磨着我的四肢和各個器官。那時候在東比利牛斯省，人們還沒有把這種病稱為「脊髓灰質炎」。這種病讓我左半邊身體動彈不得，一隻眼睛也閉不上。

幸好在我出生後 18 個月，弟弟出生了。他叫米歇爾。他看上去活潑好動，討人喜歡，我們說的話他總能模仿着唱個不停，而且唱得很動聽。他的體質比我好得多。我們兩個就像雙胞胎一樣一起長大，總是穿着相似的衣服。一路走來，他一直都堅定地支持着我，這種支持對我而言不可或缺。

當時，德國侵略者還駐紮在法國北部，並決定向南部擴張，直至法國與西班牙的邊境。德國士兵佔領了我們在莫萊翁利沙爾上的男子小學。那時候二戰正打得如火如荼。儘管如此，小學裡的課程還是照常上着，不過只剩下幾個班級了。

在一個天氣晴朗的上午，父親讓一部分學生留在教室裡作練習，他則去了頂樓，那裡有另外一部分學生正在上安裝電力裝置的勞動技能課。

就在這時，一個反應迅速的男孩跑了上去，上氣不接下氣地說：

「先生，先生，『蓋世太保』[①] 在教室等您！」

父親毫不猶豫地從頂樓急匆匆地登上屋頂，翻越學校和教士住宅之間的圍牆，與同為遊擊隊發起人的神父一同鑽入附近的山

---

① 「蓋世太保」是德語「秘密國家警察」(Geheime Staatspolizei) 的縮寫 Gestapo 的音譯，由黨衛隊控制。

中，同遊擊隊會合。讓‧拉薩爾是一位曾擔任國民議會議員的傳奇人物，他的父親當時亦活躍在距小鎮東部約 10 公里處的另一個抵抗組織中。

從那時起，許多難以磨滅的記憶便留存在我心中，並且塑造了我的性格。那時母親孤身一人照顧我們。母親心裡清楚父親隨時會面臨危險，整天擔驚受怕，夜裡還會抽泣不止。曾有一兩次，在深夜，父親偷偷回來安慰母親，而我和弟弟對此毫無察覺。

儘管母親多次告誡我不要這樣做，但我還是會花上好幾個小時，坐在廚房窗戶前的椅子上觀察德國士兵。他們將重機槍放在學校的院子裡，他們的大炮彷彿正對着我。

我看到院子裡的囚犯屠殺牲畜，光着腳走在血泊裡，為駐守的軍隊準備肉食。我還看到士兵不停地進行軍事演習，其間時不時地向納粹旗幟敬禮。德國軍隊強迫烏克蘭的囚犯在泥沼中爬行。不過，士兵允許這些囚犯在晚上放聲歌唱，而這時弟弟便會用他美妙的嗓音跟着一起唱。弟弟走在路上時也會高聲唱：「元帥，我們在這兒！」這首歌是學校的老師被迫教給我們唱的。我媽媽聽着覺得很難過，因為這首歌讚頌的是當時的法國總理貝當元帥，而他選擇了和德國侵略者合作……

一天深夜，我們的住所裡突然間傳來一陣令人恐懼的聲音。德國人猛烈地敲着門，他們以前從來不會這樣貿然行動。他們是來告訴我們有關父親的消息的嗎？

還好只是虛驚一場。原來是一個阿爾薩斯（法國東北部行政

區名及舊省名，是法國本土面積最小的行政區域）「囚犯」為兩名
士兵指路，帶着他們來到了這兒。他們只是想徵用餐具，為一位
高官出席的宴會作準備。不過我和弟弟都嚇得大腦一片空白，只
能緊緊抓住母親的裙子。

　　突然有一天，院子空了，一個德國人都沒有了！他們急匆匆
地離開，去和法國西北部的德國士兵會合。父親終於可以回到我
們身邊了。他雖然消瘦了不少，但看上去很精神。在這期間，他
所在的遊擊隊共抓住了 42 名德國戰俘。我第一次見到了能夠握
在手裡的武器。在慶祝莫萊翁利沙爾解放之時，我們歡欣鼓舞地
參加遊行，焚燒希特拉的雕像。但我們也看到了一些女人被一群
奇怪而又激動的人當眾強行剃頭羞辱。父親告訴我們，他可從來
沒有在遊擊隊裡見到過這群狂熱的人。

　　我曾目睹父親的戰友扛着槍，到家裡來喝咖啡。其中有一個
大老粗，粗暴地將衝鋒槍往飯廳的角落一扔，結果槍走火了，立
刻響起了一陣掃射聲，天花板都被射穿了。不過居然奇跡般地沒
有人員傷亡。我和弟弟絲毫沒有意識到危險，反而覺得很激動，
因為我們終於聽到了戰爭的聲音。

　　然後，到了「處理戰利品」的時候了。人們細心地收集英國
盟軍空投時留下的降落傘布。這些傘布的用途很廣泛，其中一種
橙色的布料是由人造絲製成的，母親心靈手巧，用它來做墊子、
桌布、被子以及各種裝飾品。她還給我和弟弟做了非常合身又蓬
鬆的「兜兜褲」。我們穿着的時候很引人注目，還會因此引來其他

人的嘲笑。不過這些都不重要了，現在終於雨過天晴了！

　　之後父母被派到了拉克城，那是一個坐落在波區和奧爾泰茲之間的小城鎮，就在波河的岸邊。母親負責女子小學，父親則負責男子小學。這個小鎮只有 432 名居民，鎮政府唯一的辦公室就夾在兩所學校中間。女校和男校的兩處院子只用一堵厚牆隔開。鎮上唯一的飲用水水源在樓外，那裡有一個手搖水泵，可以用它來取用這種珍貴的液體。在將近 10 年的時間裡，都是我負責用水桶裝滿水，然後再將水存放在家裡。同時，我被任命為鎮上公民身份登記的負責人，不過早在貝阿恩的時候我就已經在負責這事了。自 10 歲起，每週日晚上的籃球賽結束之後，如果母親有事被調離開，我還是唯一負責在她教的班級裡播放電影的人，那時父親和鄰鎮的同事自發組建了一個巡迴電影俱樂部。

　　也正是在那時，在父親的影響下，我發現了運動的好處，運動奇跡般地讓我擺脫了殘疾。

　　父親儘管是一名橄欖球訓練員，卻在比利牛斯－大西洋省和朗德省積極倡導籃球教育實踐。雖然他認為橄欖球才是球類之王，但是很多小鎮都湊不夠一支橄欖球隊最低要求的 15 人。而且他覺得讓男孩現在就打橄欖球還為時過早，因為他們還不夠靈巧，從打籃球開始慢慢過渡，更能培養他們的反應力和敏捷度。這一招真的奏效了！而且，當地用來舉辦「朗德省奶牛競跑」的場地非常適合當籃球場。該場地不僅土壤厚實，可以吸收雨水，而且其中大部分區域都能被燈光覆蓋。更巧妙的是，其階梯座位

還能容納大量觀眾。

　　道路部門的專家幫忙鋪好了場地上的瀝青，法國電力公司的員工則安裝好了照明設備。我在那裡沒日沒夜地打籃球，籃球的彈跳聲讓母親很不耐煩，她倒更希望我和弟弟休息或者做作業。

　　就這樣我的身體發生了巨變。我長高了，長得比弟弟還高，而且之前脊髓灰質炎留下的後遺症幾乎都消失了。在一次 60 米計時跑的比賽中，父親發現我居然能追上跑得最快的小夥伴了。自此，我便只有一個目標：跑得比別人更快、更久！在以後的人生中，我一直遵循這條人生準則。

　　我很快便在當地的籃球圈成名了。我不僅身手異常敏捷，還懂得如何壓制對方球隊裡最好的球員。我會一直貼身盯着他，幾分鐘後，他會被我弄得心煩意亂，甚至對方整個團隊都可能變得暈頭轉向。用這種方式來擊敗比我們更強的球隊多有趣啊，哪怕只是理論上也好！

　　我的綽號「蝨子」正是這樣得來的，因為這種小蟲子一旦私底下抓住了甚麼，便永遠不會鬆開。

　　後來我的父母升職到附近的奧爾泰茲工作，各種各樣的頭銜和獎勵接踵而至。此時父親擔任當地男校的校長，管理很多班級。更棒的是，離學校幾米的地方就是著名的拉穆泰籃球館。後來奧爾泰茲俱樂部在法國一舉奪冠，並在歐洲男子籃球錦標賽中取得了輝煌的戰績。之後，這個籃球館便成了人們口中的法國籃球聖地。那時候我的大部分時間都是和朋友一起在籃球館度過的。

　　這個籃球館能建起來很不容易。市長喬治·穆泰是回力球發燒友。20 世紀 30 年代，他決定修建一個大型的體育場地，讓市民能夠不受天氣干擾，盡情地玩回力球。體育場是由著名建築大師古斯塔夫·艾菲爾的學生規劃的，整個場地至少需要 80 米長，30 米高，還要能夠容納一個大型的回力球場。像奧爾泰茲這樣的小鎮，要怎樣說明這筆錢值得花呢？於是市長便計劃讓體育館變為每週二面向公眾開放的室內市場，裡面有豐富多樣的水果、蔬菜和禽類。能集多種功能於一身的體育館非常少見，正因如此，場館最終順利被批准修建。奧爾泰茲也因為這座體育館而聲名鵲起，被視作法國最熱愛體育的幾座城市之一。

　　對於當時的我來說，在面向大區所有省份的年輕籃球員選拔賽中脫穎而出，無疑比準備初中畢業考試和第一次中學畢業會考都重要得多。弟弟米歇爾的籃球同樣打得很好，所以對他來說情況也一樣。他是個非常較真兒的人，一旦認為裁判裁決不公正便會毫不猶豫地出面反對。在很榮幸地被父親提拔為籃球隊隊長之後，我不得不一次次提醒弟弟要控制自己，有時會將他換下送回替補席。於是在回家路上，我也少不了和他「用拳頭說理」。

　　後來，我在奧爾泰茲體育俱樂部裡，自然而然地將對籃球的喜愛轉移到了橄欖球上。

　　即便我平平無奇地通過了高中會考的數學基礎科目，但我對自己的未來很堅定，我要成為一名體育教師。父母不知道我曾經暗自為巴黎高等體育師範學院的遴選考試作準備。我報名就直接

通過了臨近波爾多市的塔朗斯體育培訓中心（CREPS）的遴選考試，而其他競爭對手都需要上一到兩年的預備班。這樣，我有幸成為國家最優秀的 50 名候選人中的一員，並且要在第二年 9 月初參加下一輪選拔。我真的太幸福了！那時我就已經篤定自己在結束光輝的球員生涯之後，40 歲出頭便能當上法國橄欖球隊的教練了。

　　然而，我還面臨一個嚴峻的問題。我的父母儘管內心熱愛教師和運動員這些職業，但是堅決不同意我的職業規劃。那時參加選拔的慣例是要在 8 月底前準備好縫有自己名字的衣服，但母親卻拒絕幫我準備行裝。父親則一直對我嘮叨，說 50 歲以後體育教練的身體損耗會很大，關節也會受損。他斬釘截鐵地說，發展大腦當然比發展肌肉更為明智！必須一提的是，在波爾多中學畢業會考口試過後，父親便已經替我報名了高等工程師學院的入學遴選考試。

　　我最終被里昂的一所工程師學院 —— 里昂國立應用科學學院錄取了。這所學院是由加斯東 · 貝爾熱和時任校長讓 · 卡佩勒兩位富有遠見的人士借鑑美國大學校園模式規劃建立的。我總是覺得我之所以能進入這所學校，更多是因為我在體育上的成就，而不是我的數學能力。當我發現同學們的科學能力都格外突出時，這種感覺就更強烈了！

　　儘管我放棄了體育教師這一內心嚮往的職業，但畢竟是讓父母放心了，因此我很快就作出了選擇。

出乎意料的是，當時學校還沒有完全建好，所以我又多出了兩個月的假期。就在那時我認識了瑪泰並經常和她見面，不久後她便成為我的妻子。另外在體育方面，我所在的奧爾泰茲體育俱樂部的橄欖球俱樂部與里昂高校奧林匹克橄欖球俱樂部達成重大協議，允許來自比利牛斯－大西洋省的優秀球員轉會，我自然也是其中一員。這些球員後來成了小酒館的老闆，球迷經常在這家小酒館慶祝球賽的勝利。

坐着火車經過漫長的時間穿過中央高原之後，1957 年 11 月 11 日，我在里昂佩拉什車站下車。當時車站霧氣瀰漫，天寒地凍。看到這種天氣，我心裡一顫。然而當我接下來聽到車站的廣播之後，心裡不禁又顫了一下。廣播在播報：「馬克·拉敘斯先生，有人在車站接待室等您。」我難以相信當下發生的事情。誰會願意來接我這麼一個剛從比利牛斯－大西洋省來到里昂的「小農民」呢？我在那裡見到了里昂《進步報》的記者和陪同的攝影師，他們是來採訪我的。里昂高校奧林匹克橄欖球俱樂部的最後一位新成員抵達的消息已經傳開了！顯然，此時我已經離拉克城和奧爾泰茲很遠了。

現在要講到「跳蚤」[①] 了嗎？我們馬上開始講了！

我將在里昂國立應用科學學院裡度過人生中最精彩的十年。我在那裡完成四年的大學學習之後，獲得了物理工程專業的工程

---

① 晶片的法語 la puce 也有「跳蚤」的意思，與前文的「蝨子」相對應。

師學位。接着我在學校裡繼續擔任助教及助理研究員，為以後攻讀博士學位作準備。三年之後我獲得了工程博士學位，此後又作了兩年研究，獲得了物理理學博士學位。這讓我當教師的父母感到很滿意，因為或許有一天我能成為一名大學教授，而不僅僅是一名體育教師。

而我弟弟則是先在波爾多的蒙田中學讀了兩年文科預備班，為衝刺精英學院作準備，然後在里昂的馬蒂尼埃中學繼續學習。因此我們有機會在同一家橄欖球俱樂部裡打球。他擔任青年隊的隊長，位置是傳鋒，而我則是主力隊的邊衛或者外側中衛。後來他在卡尚高等師範學院 ① 上大學。

在這期間，我的兩個兒子布魯諾和吉勒也出生了。

此時，阿爾及利亞戰爭結束了。這場糟糕透頂的戰爭持續了28 個月，動用了大量軍事力量，徵召的都是年齡和我差不多大的年輕人。然而，比賽中兩次嚴重的頭部創傷大大改變了我的人生軌跡，它不僅為我的橄欖球生涯畫上了句號，我也因此一直得以獲准緩期應召，直到 27 歲被徹底免除服役。

終於，我決定要換個環境，離開學界，到工業界去。我告訴了父親這件事，他對此大失所望。為了方便我們一家人團聚，他在拉克城的工業區幫我找了份工作。自從人們在拉克發現了巨大的天然氣礦藏之後，當地的發展非常迅速。我在那裡任職期間，

---

① 巴黎薩克雷高等師範學院的前身，是當時法國享有盛譽、入學競爭激烈的名校。

曾和許多行業內的高層人士會面。

我有幸發現了更多機會。我在新聞週刊《快報》的一篇簡訊中得知一家美國電子公司要在圖魯茲成立分公司。這件事還得到了當時的法國總統戴高樂和總理米歇爾·德勃雷的同意。他們在這之前一直都對美國在法國本土投資持反對態度。

這家美國公司——摩托羅拉正在招聘年輕的工程師，並承諾在亞利桑拿州的鳳凰城提供培訓。我很幸運地被錄用了，因為我的研究方向非常貼合新型電子元件的製造技術，這種電子元件就是著名的半導體。

當時研究半導體技術的只有美國大學的一群研究人員。他們在加利福尼亞州的三藩市附近，潛心研究這項改變世界的技術。他們因發明了電晶體這種神奇的微型固體元件而獲得了諾貝爾物理學獎。收音機在法國出現後常被誤稱為半導體，而實際上應該稱它為半導體收音機或電晶體收音機。電晶體收音機裡的微型電晶體取代了原先笨重、脆弱、耗能巨大且價格昂貴的電子管（當時被稱為整流管），性能也因此而變得更加強大了。

1967 年 7 月 14 日，我抵達了亞利桑拿州的鳳凰城。那天很熱，放在陰涼處的溫度計都能達到 40 攝氏度以上。我到那兒以後連一個英文單詞也不會說。在最初的幾個星期，是西班牙語拯救了我，因為當地通用西班牙語，而我也只能靠墨西哥菜填飽肚子！

在摩托羅拉公司，我的工作是甚麼呢？

　　就像我在里昂國立應用科學學院所寫的博士論文那樣，我需要將特定的外來原子遷移到一塊非金屬的晶體網絡裡，而這塊非金屬是因其電子性能而被精心挑選出來的。這裡所說的非金屬正是著名的矽，它是自然界中最常見的一種元素，我們在沙子中就能夠找到。沙子由矽石組成，矽石也就是二氧化矽。然而，矽的提煉不僅流程特別複雜，而且還需要昂貴的設備和極度純淨的環境（如無塵實驗室）。

　　我也因此進入了「矽晶片」的世界，這項技術原本只有美國人才能夠掌握。我們進入的是一個「無限小」的世界，因為我們正在學習如何控制物質的原子和電子，以及如何直接與它們「對話」。

　　英文將晶片稱作 chip，因為其中摻雜外來原子的「矽碎片」尺寸極其微小，甚至比大頭針的針頭還要小。摻雜「矽碎片」的目的是讓晶片變得極小以降低成本。

　　後來在法國，這種小東西就被稱作「跳蚤」（la puce）。

　　起初，在我去摩托羅拉公司時，這項技術仍處於開發的最後階段。然而，第一批「集成電路」已經發展到了盡頭，這批電路裡的每個晶片內部都只有幾個電晶體。在接下來的幾年裡，技術逐漸發展了起來：每個晶片內部先是有數十個工作組件，而後是數百個、數千個，直到數千萬個。只有放入如此多的工作組件，我們才得以製造出那些知名的微型處理器及存儲器。它們現在就在我們每個人的口袋裡，在我們的智能手機裡。今天的智能手機，比以前實現載人登月的電腦的性能還要強大，然而能耗與造價卻

不足後者的百萬分之一。

　　故事仍在繼續！我想與你們分享的正是這段非凡的經歷，因為我有幸親歷其中並見證了它每一步的發展歷程。在 40 年的職業生涯中，我這隻「蝨子」最終運用自己的才能，製作、掌握了高性能的「跳蚤」，並將其銷往了世界各地。

　　我和我的朋友古文俊將向你們講述這個激動人心的故事。文俊是我在法國創建金普斯公司時非常重要的合作夥伴，他為金普斯的亞洲業務，特別是金普斯在中國的發展作出了重要貢獻。他傾注了大量心血，與我合著了本書，我才得以揭示一切塵封的秘密以及這段充滿着奇遇和出色成就的經歷。但這段經歷還伴隨着真真切切的悲劇。有些人在國際上深諳經濟戰之道，在他們發動的攻勢面前，我終究發現自己毫無還手之力。

馬克·拉敘斯

第一章

新的時代開始了

從摩托羅拉到馬特拉

　　20 世紀 80 年代初期，我來到了蘇格蘭的東基爾布賴德，這是一個新興的小鎮，是格拉斯哥的衛星城。摩托羅拉集團最先進的晶片卡和內存條工廠就坐落於這個小城。這家工廠使摩托羅拉掌握了最先進的半導體技術。之所以選擇這裡是因為蘇格蘭議會為吸引高科技投資者的投資，而提供了許多便利條件。

　　我 28 歲通過博士論文答辯後進入摩托羅拉公司，開始了自己的職業生涯。到蘇格蘭時，我已工作了 15 年。我在摩托羅拉為法國客戶布爾公司（BULL）開發了著名的矽晶片之後，該微晶片被應用到了銀行卡和電話卡正面的金色小方片中。我的團隊正在努力研發晶片卡，以實現這一技術上的決定性突破。

　　然而，實現技術突破的過程十分緩慢。集成電路很快就會取代離散電路。這是實現微型化的第一步 —— 將成千上萬個互連組件集成到一枚晶片上，這促成了具備電腦功能的微晶片的誕生。

這枚晶片集合了執行指令和處理程序數據所需的所有零件，成千上萬個零件最後集成於一枚晶片，這枚晶片的大小僅相當於小拇指指甲的大小。一枚晶片能集成的電晶體數量越來越多，後來我們能夠將數十萬個電晶體，甚至數百萬個電晶體集成在一枚矽晶片中。與電晶體相比，矽晶片的成本將大幅下降，本來所需要的電晶體的價格等同於一輛法拉利，但因為微晶片的發明，這一價格僅在 10 年內就降至驚人的 2.5 歐元！因此這是微電子領域基於著名的摩爾定律[①]的一場真正的革命。

布爾公司提出的對晶片的要求給我們團隊帶來了巨大的挑戰，他們希望可以將此電子組件（微晶片）安裝到像銀行卡這麼薄的物體內。英特爾、德州儀器和日本電氣等摩托羅拉的主要競爭對手都退出了晶片研發，連摩托羅拉美國分公司都不相信可以研發成功！但摩托羅拉巴黎公司傑出的工程師讓・布夫萊卻對此非常有信心。他說服我去找由米歇爾・烏貢（Michel Ugon）領導的布爾公司技術部商談合作事宜。正如我們所料，困難接踵而至，但布爾公司技術部的決心非常堅定。雖然我的上司也反對我接手這個任務，但是合同金額裡的那一串「0」使我們獲得了財務自由，我們可以靈活地推進晶片研發工作，尤其是我們不必因失敗而作出任何賠償。

有趣的是，正是摩托羅拉歐洲公司和摩托羅拉美國公司之間

[①] 集成電路上可以容納的電晶體數目在大約每經過 18 個月便會增加一倍。

的內部競爭促成了晶片的研發。事實上，由我領導的團隊完成了將微晶片壓縮至和銀行卡一樣薄的任務，我的朋友阿圖羅‧克呂格領導的設計小組在日內瓦也推進了一系列的相關工作，他們的工作在晶片研發中起到了決定性作用。阿圖羅抓住機會領先於美國的同事設計出了一台配備了尖端技術的微型計算機。在此之前，他被局限在設計舊式集成電路的工作中，這個項目給了他機會，讓他得以進行一些具有創新性的工作。蘇格蘭研發團隊在比手術室還先進的無塵實驗室裡，利用最尖端的設備研發出了符合要求的晶片。最後，我也幸運地得到了總裁魯毅智的幫助，他是一位傑出的墨西哥裔美國工程師。魯毅智後來成為美國超威半導體公司（AMD）的首席執行官，帶領公司繼續與英特爾公司競爭。現在超威半導體公司一年就有幾十億美元的銷售額。

技術人員的工作熱情、工作能力和工作積極性極大地推進了研發工作的順利進行。但是，這個過程只能穩步推進，無法一蹴而就。因此，布爾公司非常希望能向其潛在客戶提供晶片研發過程中的過渡版本，以保持客戶對產品的興趣。事實上，設計一款微晶片的過程非常複雜，大約需要 18 個月的時間進行研發，此外，團隊大都是在未知的領域進行開拓性研究，研究難度極大。在布爾自研晶片最終達到公司預期功能之前，公司要求我們將競爭對手生產的兩款晶片——當時的龍頭莫斯特克公司開發的微計算機 3870 系列，以及英特爾公司最早發明的只讀存儲器 2716 系列——拼合起來，以此作為我們的樣品。當然，公司的這種做

法，決不能暴露於光天化日之下！

　　不久，摩托羅拉公司的研究員，圖魯茲人阿德里安‧茹韋和米歇爾‧德‧斯密爾諾夫就研發出了第一個能夠將這兩枚晶片裝在一起的外殼。他們設法把晶片的厚度降低到 1.15 毫米，從而使晶片能被嵌入銀行卡內。一切都在朝着好的方向發展……

　　布爾公司因而能夠開始進行晶片測試並開始向銀行機構，特別是美國運通公司（American Express）展示晶片樣品。

　　從我的經驗來看，晶片最初的安全性是不夠的，因為黑客可能會從連接在一起的兩枚晶片的金屬條中截獲關鍵信息。因此，晶片內必須有類似保險箱架構的單迴路設計以保證晶片的安全。

　　此外，另一個難以解決的問題是晶片在電學上的抵抗特性，這些晶片採用了新的互補式金屬氧化物半導體（CMOS）技術設計，而問題就在於晶片被塞入尼龍襯衫的口袋或掉在地毯上可能會產生靜電。晶片不能承受超過 500 伏的電壓，不然會被擊穿，而靜電放出的電壓可高達 1 萬伏。這個放電量確實很低，但足以燒毀整枚晶片。我們大家都見過在乾燥的冬夜脫掉衣服後火花噼噼啪啪炸開的場景，都曾有過因靜電全身汗毛倒豎的經歷。

　　日內瓦設計小組通過設計適應性的電流輸入和輸出來解決這一問題，從而使卡片上的微晶片能夠「抵禦」靜電，同時將輸入和輸出電流的部件從 64 個減少到 8 個，並在晶片內構建了「保險箱」結構。在整個設計完成後，卡片就很薄了，受卡片厚度所限，我們設計的晶片薄至 0.76 毫米。我們都知道微晶片極其脆弱，矽

晶片比相同厚度的玻璃更加脆弱，但是竟然可以做得這麼薄，這實在是個奇跡。

在布爾公司的一次工作會議上，第一款晶片卡的思路問世了。參加會議的人看到我在黑板上畫了一個圓盤狀的晶片，在卡片發生變形的過程中，晶片受到的力可以被均勻分佈，從而不至於損壞晶片。當時的晶片抗壓測試之一就是把卡片塞進褲子後面的口袋裡，然後坐在上面。後來，隨着技術的進步和材料強度的提高，晶片才從圓形變成了方形。

多虧了布爾公司和摩托羅拉歐洲公司，晶片卡才得以於 1980 年問世！

奇怪的是，法國金融界要等幾年才能採用微晶片技術，主要原因是美國的強烈反對。這是因為美國這個國家患有「非本國發明綜合徵」。誠然，這並不是「美國佬」的發明，美國對外來的東西都很挑剔，對法國的技術尤為挑剔。他們只對法國的香水、葡萄酒和美食感興趣，而對法國提供的技術不屑一顧。

幸運的是，歐洲的電信運營商開始進行了嘗試，他們試圖用微晶片取代硬幣在電話亭進行付費。他們了解微晶片的價值，微晶片可以降低回收硬幣的高昂成本，同時可以避免人們對電話亭的故意破壞行為。法國電信決策者的遠見卓識值得稱讚，他們以同樣的方式推動了著名的視頻文字終端即互聯網前身的出現。在萊茵河的另一邊，德國電信公司也很快開始推廣微晶片的應用！

隨後，配備 SIM 卡的手機也採用了同樣的 GSM（全球移動

通信系統）標準，這個標準的採用為金普斯帶來了巨額財富！

　　法國的 CANAL+ 電視台和英國的天空電視台也先於銀行成為微晶片的首批用戶，他們在解碼器上安裝微晶片或「訪問密鑰」，幫助他們傳送和播放世界上第一批加密和付費的數字電視頻道的節目。

　　那些年我在蘇格蘭的工作非常令人興奮。然而，我並不喜歡那裡的生活方式。那裡寒冷潮濕的氣候與法國南部截然相反，我與家人也相隔甚遠。此外，我的工資水平也沒有甚麼提升，我覺得這與我實際取得的成果不匹配。我已經為摩托羅拉公司忠誠地工作了超過 14 個年頭，正是在這種情況下，我在一個晴朗的早晨接到了一個獵頭的電話。他告訴我，他正在為客戶尋找像我這樣的人。這是一份由一家法國大公司提供的極好的工作，我的工作技能也與之匹配。我將在這家法國公司和美國合作夥伴新開的合資公司裡擔任經理一職。

　　我確實很感興趣，雖然那時我還不知道具體要去哪家公司。後來我才得知這家法國公司是馬特拉（Matra），而我恰好對這個公司的老闆讓−呂克·拉加代爾（Jean-Luc Lagardère）非常崇拜。這個既優雅又活力四射的男人做任何事情都能成功，就像他開着藍色賽車在競爭激烈的 F1 世界裡贏得勝利一樣！

　　隨後，我很快便去佛羅里達州與期待已久的美國合作夥伴見面。令我非常驚訝的是，他們已經在巴黎飛往紐約的超音速飛機「協和號」上為我預留了一個座位。只有少數人有機會乘坐這架飛

機橫渡大西洋。儘管我感到很興奮，但我不太習慣如此奢華的出行條件，因此並不覺得舒服。讓我感到開心的是，我發現美國女演員、導演雷吉娜‧金同在乘客之列，而我鄰座的乘客也是一位名流。飛機起飛後，香檳酒剛被端上，鄰座那人便拿出工廠的規劃圖擺在我面前，我發現這與我的專業領域密切相關。

這是巧合嗎？事實上並不是！

坐我身邊的是馬特拉的銷售總監托尼‧德‧格拉夫，他將陪同我訪問美國哈里斯公司（Harris，美國通信公司，國防承包商和信息技術服務供應商）。他此行的目的是確保我是合適的人選，能夠領導公司，指導項目的建設。他很快就認可了我，並再次試圖邀請我加入他們。在三個半小時的飛行結束後，我們的合作就落地了。哈里斯的董事也非常迅速地發表了贊成意見，馬特拉與哈里斯之間的合作正式啟動。

哈里斯公司位於佛羅里達州的墨爾本，靠近卡納維拉爾角的火箭發射場。這家公司為 NASA（美國國家航空航天局）提供電信設備。與英特爾、德州儀器和摩托羅拉等巨頭相比，它是一家小型的半導體公司，卻擁有超強的節能技術，是馬特拉的理想選擇。此外，法國政府還充分扶持這類合作。當時法國政府希望法國在尖端技術領域能夠獨立並獲得霸主地位，因而動用了所有力量以確保國內公司形成必要的企業聯盟。馬特拉公司首席執行官讓－呂克‧拉加代爾努力使法國領導人堅信，就戰略裝備的供應而言，壟斷並不是最好的解決方案。更重要的是，他堅持認為法

國還沒有真正掌握這項新技術。

拉加代爾的論點在弗朗索瓦·密特朗（François Mitterrand，1981－1995 年任法國總統）對法國工業進行的大規模調整中進一步得到了證實。阿爾卡特（Alcatel）成為法國電信領域的唯一領軍公司，還併購了湯姆遜（Thomson，法國最大的國家企業集團，位居全球第四的消費類電子生產商）旗下的一些公司。作為回報，湯姆遜將接管阿爾卡特的半導體業務和位於普羅旺斯地區艾克斯的歐洲技術公司。這家公司是為了加爾達納附近的礦區改造而成立的，由聖戈班（Saint-Gobain，法國生產、加工、銷售高技術材料並提供相應服務的大型集團）與美國國家半導體公司合資建立，我在摩托羅拉的前同事格朗·克萊蒙是這家公司的經理。格朗非常努力，在亞利桑拿州和圖魯茲之間來回飛了 15 年。

聖戈班決定通過控制好利獲得公司（Olivetti，意大利的電話通信及信息通信技術公司）的電腦業務，參與電子元件產品的整合，但這一富有遠見的戰略中途就停止了。事實上，湯姆遜的接管控制讓歐洲科技領域的高層難以接受。

因此，馬特拉－哈里斯半導體合資公司誕生後，將在南特建立一個使用互補式金屬氧化物半導體技術的半導體製造廠。這裡生產的半導體是目前市場上最先進的，能夠大幅降低能耗，也是馬特拉生產設備中的重要組件之一。事實上，這也是一個對航天和軍事領域來說非常關鍵的發明。

政府給予的補貼推動了我們選擇南特，我們則須承諾提供就

業崗位。選擇南特的原因很明顯，不僅因為南特市長恰好正確站隊，而且最重要的是馬特拉是南特著名的「金絲雀」足球俱樂部的主要贊助商。拉加代爾對足球的狂熱也不是甚麼秘密。

馬特拉－哈里斯公司誕生後，就需要找到一個合作夥伴給我們提供晶片技術。我們選擇的合作夥伴是業內第一的英特爾。考慮到馬特拉與湯姆遜的敵對關係以及湯姆遜與摩托羅拉的合作關係，我們無法與摩托羅拉合作。

在墨爾本召開的一次馬特拉－哈里斯董事會會議上，我第一次見到了拉加代爾，接着我們一起去了英特爾公司，在那裡我們親眼見到了英特爾的大老闆，著名的戈登·摩爾（Gordon Moore）。

我在墨爾本機場等待拉加代爾，已經是晚上 11 點了，邁阿密的轉機航班嚴重延誤。

下飛機後，拉加代爾非常餓，他希望儘快在酒店裡吃晚飯。在開車的時候，我意識到這幾乎不可能，因為這個位於佛羅里達州東海岸的小鎮 —— 墨爾本的酒店無法提供晚餐服務，當地為數不多的餐館也已經關門。在蕭條的大道兩旁佇立着許多樓房。最後，麥當勞紅金相間的霓虹燈讓我擺脫了困境，我們走進了麥當勞，裡面還有少數顧客。我們很快就吃上了漢堡包，喝着可口可樂，手上沾滿了醬汁。忘了拉加代爾熱衷的茶吧，我們現在可是在「山姆大叔」①的國度裡！我們甚至在這裡準備了第二天早上要

---

① 美國的綽號和擬人化形象。

在哈里斯董事會上討論的內容。

　　哈里斯公司的高級管理人員和拉加代爾出席了董事會會議，會議進行得非常順利。事實上，我們的商業計劃書得到了董事會的充分認同，馬特拉－哈里斯公司也信守了其所有承諾。

　　這個時候，我們宣佈了第二天與英特爾公司見面並提議與他們合作開發微型計算機的計劃。鑑於英特爾公司和哈里斯的規模差距巨大，這不免引起哈里斯代表們的擔憂。

　　但如何才能控制這些法國人，尤其是像拉加代爾這樣的人？

　　第二天黎明時分，我們坐上了從邁阿密飛往三藩市的航班。我藉機補習了拉加代爾掌握的半導體技術和研發歷史。我也告知了他英特爾在這個市場的領先地位。

　　英特爾公司在這個領域是無可爭議的第一，其產品是我們研發必不可少的參照。1968 年 7 月 18 日，斯坦福大學的三位著名的物理化學教授創立了英特爾公司。斯坦福大學位於矽谷中心地帶，這為其發展帶來了巨大優勢。三位創立者分別是鮑勃·諾伊斯、安迪·格魯夫和戈登·摩爾。戈登·摩爾憑藉以他的名字命名的著名定律而聲名大噪，摩爾定律的內容是，每條相同尺寸的集成電路上可容納的電晶體數量每 18 個月增加一倍，性能也會提升一倍，但價格不變。事實證明他的預測是正確的，計算機的性能將成倍提高，重量和體積將下降，價格也將大幅下降。一場真正的革命正在進行。電腦的發展不會有上限，一台電腦一開箱就已經過時了。然而，消費者會心甘情願地接受這一點，願意排

長隊來買最新的蘋果產品。

　　品牌崇拜逐漸出現，用戶將成為品牌的狂熱崇拜者。喬布斯已經明白並充分利用了這一點。在摩托羅拉任職期間，我在訪問蘋果公司時曾與他見面，其間我曾試圖向他推銷一種用於封裝極高密度微晶片的新技術——晶片倒裝技術，但沒有成功。

　　另外，我作為唯一的歐洲發言人參加了本·羅森（Ben Rosen）1978 年在休斯敦組織的專題討論會。本·羅森是康柏（Compaq）公司的創始人之一，是改變計算機界 25 位最重要的人物之一。那天我和一個看起來只有 18 歲的「學生」同台，我好奇地看了看展板上他的名字——比爾·蓋茨！他之所以被邀請到這裡來，是因為他將微軟開發的軟件套裝賣給了 IBM（國際商業機器公司）。這個軟件套裝絲毫不亞於 MS-DOS，它是 Windows 的原型，是征服了計算機世界的軟件套裝。

　　地球有時候小得確實像是一個「村」，我們就這麼見了面。現在是時候和拉加代爾一起與英特爾公司的高層會面了。此時，英特爾正在成為向全球大部分計算機提供服務的巨頭。值得注意的是，它正在與同樣是布爾公司合作夥伴的日本電氣公司爭奪領導權，日本電氣也在這一領域站穩了腳跟，但最終它還是輸給了英特爾。我們已經與戈登·摩爾進行了第一次接觸，並與他本人預約了見面。我和拉加代爾一大早就來到了英特爾公司總部的遊客停車場，這個停車場內停放的都是美國品牌的汽車，我們最終找到了停車的地方。我們看到了一輛黑色大眾高爾夫老款敞篷車，

這輛車在這個停車場裡顯得格格不入，讓人忍俊不禁。稍後我們發現，這其實是戈登·摩爾的私人座駕。他邀請我們跟隨他參觀附近的開發中心。在停車場旁邊的一個預留車位上，還停放着一輛貼着「月度最佳員工」海報的車，海報上印有這名員工的照片和身份信息以及其為公司作出的貢獻。

我們走到大樓門口的警衛室，這時警衛請我們出示護照。他們認真地檢查了我們的護照，這讓拉加代爾有些意外。他已經習慣了一出現就受到隆重歡迎，門會為他打開，紅毯會鋪到他的腳下。他確實是法國商業巨頭，但在這裡，警衛說的安全並不是一句空話，法國離我們很遠，我們需要用護照換取訪客通行證，只有用通行證才能進入大門。

在登記簿上記錄了我們的名字後，警衛打電話告知樓內員工訪客的到來。一兩分鐘後，一個身材高挑的金髮美國女人前來迎接我們，並邀請我們跟她上六樓。到了六樓，我們進入了一個巨大的「開放空間」，四周都是玻璃，並通過半高的隔板將每位員工的工位完全隔開。我們發現大廳中心還設立了與外圍辦公室分隔開的小會議室，用以進行秘密會談。

當我們從電梯裡出來時，那位陪同人員喊道：「戈登！戈登，你在哪裡？」

就在那時，我們看到了一個人，他的照片經常出現在雜誌上，他就是戈登·摩爾先生本人！

摩爾先生向我們致意，並請我們跟隨他進入其中一間會議

室。當他走進黑暗的小房間時，轉動了定時開關使房間亮了起來。房間的中心是一張圓形桌子、五個座位、一部電話和一張小桌子，上面擺着一個咖啡壺、一個水壺、幾個瓷杯、幾個小塑料杯、幾個小茶袋和一些糖。房間的門被關上了。我和戈登選擇喝咖啡，而拉加代爾則堅持喝茶。

我們三個坐下來，相互作了介紹，並按慣例交換名片。接待我們的摩爾就是英特爾公司的首席執行官，他遞給我們的名片上清楚地寫着他的身份。我們開始按照之前通過郵件商定的議程進行交流，並開始確認未來合作的具體步驟。

就在這時，房門被打開了……一名體型粗壯的同事憤怒地闖了進來，不由分說就對我們大喊：「這是我的房間！」

看來可憐的摩爾走錯了房間。這位同事很趕時間，因此她認為有必要讓戈登·摩爾儘快騰出房間。摩爾非常尷尬地道歉，收拾好文件後我們離開了這個房間。他詢問了他預定的房間究竟是哪個，然後將我們引向另一個房間 —— 與第一個房間幾乎完全一樣。

屋內的會議計時器又開始運行了。我注意到我們額外多了幾分鐘並告訴了拉加代爾。他笑了，對他來說這是個好兆頭。

這個插曲結束了，我們現在可以繼續認真討論了。我們確認了所有要點，英特爾和馬特拉很快就能開始談判，並最終建立馬特拉－英特爾集成電路公司。我們要建立一個先進的電路聯合「設計」中心，該中心計劃建立在法國伊夫林省的聖康坦。該中心將

由擁有法美雙國籍的優秀人才讓－克洛德‧科爾內負責，他在英特爾工作了多年，目前是英特爾西雅圖設計中心負責人。馬特拉－英特爾集成電路公司的工作重點是為電信部門提供服務，特別是為阿爾卡特公司開發先進電子部件提供服務。我心中已經有了一個想法，那就是在這裡設計出未來最複雜的微晶片運行所必需的電路，我一心希望能夠生產出這樣的微晶片。

一小時後，調換房間後開啟的第二個計時器結束了。燈熄滅了，這意味着我們必須立刻離開會議室。在英特爾，會議時間不能超過一個小時。

其中一個人用法語說：「法國政黨應該有一個類似的會議室！」

摩爾很開心地帶領我們繼續參觀，並決定帶我們遊覽附近的一棟建築。我們拿回了護照，並跟着摩爾坐上了他駕駛的大眾高爾夫老款敞篷車。矽谷總是陽光明媚的！

拉加代爾一下子就沉浸在了加州的「高科技」文化中，並發現了它必不可少的基本成分——矽！在我的職業生涯之初，即我在亞利桑拿州的摩托羅拉公司工作的那幾年，就對這種環境有所了解。在那期間，我親眼看見了這種技術雛形的出現。

我很欣賞美國的思想自由和進取精神，並在好奇心的驅使下參加了許多活動。這些活動增長了我的見識，幫助我充分了解了最新的技術，使我與微晶片領域偉大的先驅們產生了交集。我有幸以路演者和歐洲代表的身份參加了在美國舉行的許多專業會

議。1967 年 7 月，我第一次乘坐環球航空公司的飛機前往摩托羅拉總部，那時我連一句英語都不會說！就像比利牛斯－大西洋省的許多巴斯克－貝阿恩先行者一樣，我踏上了冒險之路。不得不說，當時的奧爾泰茲中學基本上只有西班牙語課。英國人與當地格格不入，當地人也覺得英國人很討厭，因為英國人買下了這一地區的葡萄園，並毀壞了波城和比亞里茨的玉米地來建造高爾夫球場。最重要的是，英國人還在橄欖球比賽中擊敗了我們，這是絕不能容忍的！

　　然而也是從那個時候起，隨着時間流逝，我也開始變得稍微安分守己了。年輕的時候我是極端左翼人士，但在我逗留美國期間，當戴高樂總統在蒙特利爾市政廳的陽台上喊出「自由的魁北克萬歲」時，我成為一個「戴高樂主義者」。那時美國的「反法運動」十分猖獗，我認為有必要進行鬥爭。大多數報刊上印發了我不能容忍的漫畫。我利用這段時間補習英語，以期在會議上宣傳法國。我得到了法國大使館和我的朋友亞利桑拿州領事普羅斯尼埃的支持。普羅斯尼埃曾是一名戰鬥機飛行員，在亞利桑拿州圖森市進行飛行訓練時和一個美國姑娘結了婚。當時他受雇於摩托羅拉鳳凰城的工廠，負責與法國圖魯茲基地聯絡。

　　當時，我在馬特拉－哈里斯的新崗位上，3/4 的時間都在法國和美國的佛羅里達州之間來回奔波。我必須要為在 18 個月內就要正式投入生產的南特工廠的啟動作準備。為此，我必須完善已有團隊，引進這方面的專家和工程師以保證項目的順利運行。遺

憾的是，南特幾乎沒有甚麼技術部門，我很快就意識到在南特我找不到我所需要的技術資源。

事實上，當時法國的微電子研發主要集中在格勒諾布爾、圖魯茲、尼斯附近的盧貝新城以及巴黎地區。所以怎樣才能吸引人才到南特呢？足球運動員可以自由轉會，但電子技術人員卻很難擁有這樣的自由，因此這幾乎是不可能做到的事。

有一天早上，我收到了一封由 5 位法裔美國半導體工程師組成的小組寫的信。他們正在為瑞士納沙泰爾附近的尼古拉斯·海耶克（Nicolas G. Hayek）的 MEM 小組從事手錶製造工作。

20 世紀 80 年代前期，正是手錶行業變革的時期，這個行業正在摒棄機械機芯並為手錶配備電子機芯。這是由日本精工（著名的日本製錶公司）發起的一股風潮。在製錶業，為了避免經常更換電池，互補式金屬氧化物半導體技術變得必不可少，因此公司要去矽谷招聘合適的人。在海耶克的推動下，Swatch 品牌應運而生。

這幾位工程師在信中說，他們知道馬特拉－哈里斯項目，並對這個項目很感興趣，希望以此為契機為他們的職業生涯注入新的活力。他們還在信中表示對瑞士人的態度感到厭倦，認為這種狀態過於嚴格，不利於身心健康。我立刻約見了他們，在確認了組內最重要的兩人在製造電子晶片方面的技術能力後，我提出要聘請他們。

這引起了轟動。拉加代爾約我見面，我被海耶克痛斥，他對

這種挖走他員工的行為感到憤怒，讓我給他一個解釋，我將在有關瑞士的一節中具體講述這中間發生了甚麼。

馬特拉－哈里斯公司繼續按計劃運行。各個團隊的工作狀態良好，工程師將前往佛羅里達州的哈里斯公司完成培訓。高質量的矽晶片在南特工廠的無塵實驗室源源不斷地被生產出來。我們的工廠位於埃德爾河畔，感謝市政當局給予我們這麼好的位置。皮埃爾・莫魯瓦（Pierre Mauroy）總理在拉加代爾的邀請下蒞臨了開幕式現場，他友好、隨和的性格使我感到格外輕鬆。

我們要到一樓參加最後一項儀式，拉加代爾讓我和莫魯瓦總理一同乘坐電梯。莫魯瓦真的很有氣場，他在電梯裡問了我一個問題。

「董事長先生，你們公司有多少人？」

我欣喜若狂，嘗試着開了一個不恰當的玩笑：「總理先生，您真的想知道嗎？」

「當然，既然問你了……」

我假裝思考了一下，一邊撓頭一邊諷刺地回答道：「好吧，總理先生，既然我們在法國，那就是 50% 左右吧！」我想要表明法國已經是由社會黨領導的國家，每週工作時間短，35 小時工作制確實正在落實。

面對這種幽默，莫魯瓦的噘嘴很讓人回味。當電梯到達一樓後我擔心總理會向拉加代爾抱怨這種不合時宜的對答。幸運的是我擔心的狀況並沒有發生，我們公司創造的就業崗位數量在禮儀

性的演講中作出了明確說明。

公司的銷售工作也在逐步推進，但客戶仍只限於法國和德國的少數公司，如博世（BOSCH）或德律風根（Telefunken）。我們與湯姆遜的競爭也很激烈，這種競爭嚴重阻礙了我們的市場擴張步伐。

我非常清楚地知道，開發新晶片的成本非常高，只有銷往全球才能降低平均成本，這是規模經濟的原則。這就是為甚麼我決定嘗試另闢蹊徑。在與哈里斯簽訂的合資合同中並未規定禁止馬特拉－哈里斯的產品在美國銷售，為甚麼不利用合同的這一漏洞呢？公司裡誰能想到我們會這麼做？

剛一作出這個決定，馬特拉－哈里斯就在矽谷南部的洛斯阿圖斯（Los Altos）成立了銷售辦公室和一個小型的開發團隊。哈里斯公司一直以來都是一家以美國東海岸為重點發展的企業，在加州甚至連辦事處都沒有，只有一個代表處。他們怎麼能想到我們會這麼做呢？拉加代爾看起來樂在其中，他欣賞這種勇敢的行為。

隨後，馬特拉－哈里斯的產量按計劃增長，產品很快得到客戶和法國行政部門的認可。後來，有兩個優秀的成員也加入了我們，他們是我在摩托羅拉圖魯茲團隊的前同事桑松和維利埃。桑松負責財務和行政工作，維利埃則負責工廠的建設，處理與晶片組裝有關的後勤工作，這一階段也被稱為「封裝」，在進行最後的控制操作之前，根據用途將晶片裝入塑料袋或陶瓷中進行封裝。同時，馬特拉－英特爾集成電路公司在巴黎地區初步成形。團隊正在設計面向電信和國防部門的電路。但在當時，像這樣結構複

雜的電路的「設計」至少需要 18 個月才能完成。因此，南特的生產線需要等待一段時間才能將這些新產品生產出來，並只能向市場投放哈里斯的原始電路，即採用互補式金屬氧化物半導體製成的存儲器。

但我的打算，甚至可以說是我的執念，就是讓馬特拉－英特爾集成電路公司生產出一款類似於我在摩托羅拉為布爾公司開發的頂級晶片。在這種情況下，我們當然不能使用摩托羅拉的晶片架構，但顯然可以使用與我們有合作協議的英特爾的架構。布爾公司之所以認可我，是因為英特爾的形象絲毫沒有被詬病的風險，剩下要做的就是推出方案。多虧我在里昂國立應用科學學院的一位同學 —— 達尼埃爾．佩爾蒂埃，他在達索公司（Dassault，法國的一家飛機製造商）工作，他明白布爾公司必然需要一個替代方案，他很看好我們新方案的前景。就這樣我得到了達索公司的支持。

但英特爾微計算機部門的負責人傑克．卡斯滕強烈反對這個方案。和許多美國人一樣，他完全不相信晶片卡的未來。而且，非常不幸的是，他是馬特拉－英特爾集成電路架構的負責人。我們專門組織他去拜訪達索公司的高層，然後又組織他去拜訪了布爾公司。但是這既未能影響他的信念，也沒有改變他的觀點。

我感覺像是一記重拳打在了我的胸口，讓我非常狼狽。這個方案是我開拓新市場計劃的一個重要組成部分，幾乎不會遇到任何競爭對手，但是居然被質疑了！同時，自從我離開公司後，

摩托羅拉就一直很警惕，只為布爾公司提供了很少的幫助，更何況金融市場也遲遲沒有起色。美國運通、維薩（Visa）和萬事達（Master）都沒有取得重大進展。不過，我堅信與英特爾的密切合作將徹底改變美國的局勢。只是，我現在需要開啟新的征程，而我沒有多餘的替代方案。在馬特拉的支持下，博世和德律風根等德國品牌正在深入了解我的方案，但要想獲得可觀的收入還需要時間。

我不能就此止步，於是我開始尋找新的替代方案。我開始對剛剛問世的新技術——帶電可擦除可編程只讀存儲器（EEPROM）感興趣。哈里斯已經對這個方案有所了解，但是隨後並沒有重視這個方案。這些新的結構應該能夠取代可編程只讀存儲器（PROM），因為它們不僅是可編程的，而且還可以擦除。英特爾再一次表示對此沒甚麼興趣，甚至解雇了專門攻克這項技術的研發人員。這些人隨後創建了一家新公司——XINTEL 公司。為甚麼取這個名字？很簡單，因為它的意思是「前英特爾」公司，它不是憑空出世的，很能代表矽谷精神。這或許啟發了我，因為正是為了推動那個我心心念念，但我的雇主沒有給予任何重視的項目，我才成立了作為「前湯姆遜－無線電（Thomson-CSF）總公司」的金普斯公司。

我嘗試着去接觸 XINTEL 的創始人，並迅速意識到他們是多麼地好高騖遠和不成熟。其實，他們的技術太難掌握了，很難實際運用。當我意識到自己錯了的時候，我不得不迅速回頭。

我們必須明白，現在還為時過早！

反對該項目的聲音來自各行各業。首先，布爾 CP8 團隊的老闆甚至不希望聽到這項技術。他擔心這會影響到系統安全，使系統更容易被黑客攻擊。然而，時間會證明他錯了。事實上，USB 閃存盤存儲系統尚未過時。如今，所有的晶片結構都是基於 EEPROM，以後還會憑藉以模塊為單位的數據操作發展到「閃存」。這種技術的發展會與晶片的微縮化同時進行。20 世紀 60 年代初的 1 兆節的存儲器需要一輛載重 15 噸的卡車來運輸，而今天，容量比其大 1000 倍的晶片重量不到 1 克。正如我們所看到的那樣，晶片變得像小拇指的指甲一樣小。當時生產這些存儲器的 IBM 只有美國軍方這一個客戶，但因為存儲器的價格太高了，他們就出租了這些大存儲器。

另一個例子是著名的摩爾定律。

拉加代爾也開始對此產生了疑慮。當然，在項目開始時，沒有人真正了解半導體研發到底需要多少資金。哈里斯公司也確實沒有足夠的財力繼續支持這項研發工作。更重要的是，行業的週期性危機開始對市場產生重大影響。

馬特拉應政府的要求正在努力改善法國鐘錶業的現狀。馬特拉高層認為，只有拉加代爾才能實現這一目標。於是，馬特拉鐘錶在 1981 年接管了擁有眾多手錶品牌的赫馬集團（Herma），但在經歷了嚴重的挫折後，馬特拉鐘錶也只是曇花一現。

馬特拉對足球俱樂部的投資也很失敗，比賽戰績令人失望。

拉加代爾是否進入了低潮期？隨着汽車和電信領域發生重大變化，馬特拉也因其多樣化的政策而被牽連其中。

最後，與阿歇特出版集團（Hachette，法國第一大出版集團）合作的傳媒部門，以及與法國國家航空宇航公司（即後來的空客）合併的航空部門，讓拉加代爾看到了令他興奮的前景。在與他的討論中，我確信，馬特拉－哈里斯這個「玩具」對馬特拉來説已經沒有任何意義了。最重要的是，預期的盈利目標永遠無法實現。1981 年弗朗索瓦·密特朗（François Mitterrand，1981－1995 年任法國總統）上台後，馬特拉－哈里斯使馬特拉集團免於被國有化，而達索公司的命運則完全不同。我們會在後面討論這個問題。

我很清楚現在是時候翻開新的一頁了，應該對一直都在拒絕考慮的兩項建議進行仔細思考了。

其中一項建議來自我在摩托羅拉的老闆阿爾·斯坦恩。他給我提供了一個機會，讓我接任加州一家非常有前途的公司的總裁，該公司經營半導體電路的定製設計。這份工作對我而言挑戰不是很大，但是也有不小的風險。很明顯，接受這份工作就等於要在美國發展我的事業，這就意味着我必須拖家帶口離開法國，而且可能要永遠離開法國。我真的不喜歡這樣。

另一項建議來自法國的一家招聘機構，在我看來可信度不高。他們給我推薦的公司在半導體領域頗為活躍，擬設的職位要求包括接管和重組幾家工廠。

其實這家公司就是湯姆遜－無線電總公司。我直接拜訪了總

裁阿蘭‧戈麥斯。剛從德州儀器離職的雅克‧諾埃爾加盟了這家公司，如果我接受了這份工作，他將成為我的直接領導。

然而，對我而言最大的困難是說服拉加代爾，因為這似乎是一種背叛。拉加代爾作為一位卓越的球員表示能夠理解，因為在足球圈裡球員轉會到對手球隊也是司空見慣的。在馬特拉的歷史上，管理層離職的情況也不在少數。我在接受經濟雜誌《國際電子週刊》的採訪時特意表達了我對拉加代爾的感激之情。該雜誌在 2000 年 10 月 12 日刊登了一份對法國工業界 900 名電子業主管的調查報告，其中我的公司金普斯被列為首選，排在馬特拉和惠普公司之前。藉此機會，我提到馬特拉是我年輕時一直夢想加入的公司，並向拉加代爾致敬。據我所知，他是唯一真正想了解工廠內部情況的法國老闆。他有定期前往工廠的習慣，無論甚麼級別的員工，都可以直接見到他。

拉加代爾對我接受採訪時說的話表示欣賞，給我寫了幾句感謝的話。

繼與摩托羅拉公司在國防設備領域簽訂協議後，我很高興能在湯姆遜公司重新開始研發微晶片架構，這些架構對我來說是極其寶貴的。這一次萬事俱備，終於可以孵化出讓我魂牽夢縈的微晶片項目了。

馬特拉－哈里斯項目則被拍賣，先是被出售給德律風根，並改名為 TEMIC，後被併入西門子集團。改名後公司進行了重組，引發了裁員潮。

鐘錶業進入電子化階段

20 世紀 80 年代，瑞士，比爾公司（Bienne）

拉加代爾辦公室裡的電話響了。電話的另一端，一個人大聲衝他說：「我剛剛得知馬特拉的一些人擅自挖走了我的員工！更重要的是，他挖走了整個團隊！我很生氣，這讓我無法接受。我需要他給我一個解釋……」

說話的人是尼古拉斯·海耶克，他是一位黎巴嫩裔瑞士企業家，控制了瑞士製錶業一半以上的份額。同期，日本開始將電子技術引入製錶業，即將顛覆精密機械界。瑞士製錶業因沒有捕捉到日本等國製錶業風向的變化而面臨着嚴重困境。2010 年，這個宣稱「我死後才會休息」的人在位於伯爾尼的辦公室裡突發心臟病死亡，享年 82 歲。他建立並統治着一個名副其實的帝國。他靠彩色塑料手錶大獲成功，創立的手錶品牌 Swatch 在全世界都非常受歡迎。

他的發怒顯然與我直接招聘那五名工程師有關。

我立刻被拉加代爾召見了。他沒有跟我寒暄，而是告訴我最好的辦法是直接向海耶克解釋。事實上，海耶克的公司是最早的製錶集團之一，而馬特拉也通過旗下的鐘錶部門進入了該領域。因此他很想避免與海耶克爭吵，並與其保持良好的關係。

法國鐘錶製造商在 1981 年成立了鐘錶發展專業委員會，對鐘錶業最嚴重的危機作出了反應，對製錶業進行了重組，簽訂了對該部門的專業人員、國家和大區都有效力的合同，目的是「同時實現生產工具和管理機構的現代化，鼓勵建立連接零件製造商、鐘錶裝配商和銷售商利益的渠道」。於是，在國家的推動下，馬特拉鐘錶收購了幾家公司，成為法國鐘錶界的龍頭企業，共生產了 400 萬隻手錶。我的前老闆艾蒂安·卡西尼奧爾領導集團時，儘管作出了充分的努力，但還是以失敗告終，最終將資產出售給了巨頭西門子。西門子依靠石英錶成為最後的勝者。

正是在這種情況下，幾天後，我前往瑞士伯爾尼與海耶克見面。我一進入他的辦公室便發現海耶克堅定地拒絕被説服。我解釋説，我只是在收到他的團隊成員的申請信後回了信。我想緩和一下緊張的氣氛，就告訴了他南特工廠和即將生產的新一代電子晶片的情況。我們之間的信任逐漸建立起來。海耶克的確渴望擁有任何能夠讓他的手錶彌補技術「空白」的新技術。他是一個具有決斷力的人，他堅信，要想前進就必須告別過去從頭開始。對他來説，改變必須是徹底的，如果只是痛苦地給已經沒有進一步

發展可能的概念隨意打些補丁，那是沒有意義的。

海耶克也熱情地向我介紹了他的項目。他每隻手腕上都戴着三塊 Swatch 手錶，並在我驚訝的目光下，將其中一塊摘下，猛地扔向牆壁。他讓我查看手錶是否有任何問題，是否還能正常運轉。隨着討論的深入，我真的被這個男人吸引了，我感覺到我們的觀點很契合。我特別欣賞他的實業家精神。我們在同一個領域打拚，對我們來說，一款產品能否成功取決於是否能夠大批量生產，大批量生產可以降低成本，使產品更具競爭力。我們都明白營銷和質量控制的重要性，這是取得商業成功的關鍵。

我本來是為招聘問題而來的，但現在這個問題似乎已經不是問題了。我們討論的主題也變成了「為甚麼我們不能合作呢？」

海耶克向我介紹了他的情況。他的岳父是為瑞士聯邦鐵路提供制動卡鉗的大型鑄造廠的老闆。他的事業最初是在岳父生病期間發展起來的，後來他成為著名汽車製造商梅賽德斯－奔馳的供應商。

他先在法國格勒諾布爾完成學業，並在 35 歲獲得瑞士國籍，之後便在蘇黎世成立了諮詢公司 —— 海耶克工程公司。該公司很快就聲名鵲起，為許多著名的行政部門和公司提供了諮詢服務，如蘇黎世政府、瑞士軍隊、多家電視頻道、蘇黎世聯邦理工大學、雀巢公司、日立、西門子、大眾、雷諾和寶馬。

正是在這種情況下，瑞士授權海耶克工程公司對國內面臨重大困難的鐘錶業進行審計。調查結果是顯而易見的，面對來自日

本廠商的威脅，如果瑞士製錶業再不提升創新能力以恢復銷量，它們將直接衰落。要想恢復銷量，必須要成功實現手錶機芯從機械到電子的轉型，從而大幅降低生產成本。

由此，我更加理解了海耶克為甚麼對我的到訪抱有極大興趣，我的到訪確實為他提供了機遇。瑞士政府決定信任他，並委任他為該行業最大運營商的掌門人。海耶克審查了 Asuag 和 SSIH 製錶集團的情況，建議它們合併重組。1986 年，他創立了瑞士微電子和鐘錶公司，並成為該公司的首席執行官。1998 年，該公司改名 Swatch 集團，這一著名的產品拯救了整個瑞士的製錶業。

海耶克上任後，樂此不疲地去工廠進行實地考察。當他在集團的一家工廠與一位正忙於計算的工程師交談時，他的注意力被丟棄在抽屜裡的彩色塑料錶殼所吸引。他試圖了解更多的情況，研究人員告訴他，這一項目因為過於「劣質」而被再三淘汰。後面的事情大家都知道了，Swatch 剛剛面世就取得了耀眼的成功。我們只能向海耶克致敬，因為他能夠發掘產品的全部潛力。

Swatch 的設計具有創新性，其核心是一個極度簡化的架構，石英晶體以 30000 脈衝 / 秒的速度跳動，電晶體連接到 CMOS 分頻器集成電路，將這個頻率獲得時間的基本單位轉換為秒。整個過程只由一個紐扣電池為手錶提供能量。技術不是全部，一個精心設計的吸引客戶眼球的營銷方案也必不可少。海耶克採用了飢餓營銷的方式，讓 Swatch 成為收藏品。這是瑞士傳統鐘錶業的一

次真正革命！

我也正好對電子錶感興趣了一陣子。讀者一定還記得我在摩托羅拉公司領導的改革。1968 年，我在參觀研發實驗室時，看到了石英組件、第一批 CMOS 電路和可以用於可視化功能的最新「液晶」技術。而用這些東西可以製造出世界上最精確和最便宜的電子錶！我通過摩托羅拉集團總裁及創始人保羅·高爾文之子鮑勃·高爾文訪問圖魯茲的機會，和他對此項目進行了交談。鮑勃答應我會考慮一下，並在公司內部進行評估。

兩個月後，當鮑勃告訴我摩托羅拉不想開啟這項業務時，我感到很失望。他們認為，手錶的設計、製造和銷售是錶匠的工作，需要非常特殊的技術。我真的不明白他們為甚麼不抓住這麼好的機會。我甚至懷疑我離開這樣一家沒有活力的公司是不是會更好……

然而，未來卻證明了鮑勃·高爾文是對的。摩托羅拉的主要競爭對手德州儀器、英特爾和美國國家半導體公司都對此進行了嘗試，並遭受了徹底的失敗。技術不是萬能的，這是非常具有啟發性的一課，要記住！

尼古拉斯·海耶克聽到這段故事，不禁莞爾。

他的高瞻遠矚得到了肯定，1996 年讓－皮埃爾·拉法蘭（Jean-Pierre Raffarin，2002－2005 年任法國總理）甚至找他談話，任命他為法國智庫的主席，研究國家未來的經濟戰略。CAC40 指數（巴黎券商公會指數）委員會想邀請其成為他們的成員，海耶

克堅決拒絕。對他來說，必須徵召發明家而不是金融家成為委員會成員。因此，他提出了一份新的名單，召集了創新型中小企業的管理者，其中包括我。最後，海耶克還挖走了拉法蘭的顧問克里斯托夫·貝爾托。

多年來海耶克一直和我保持着聯繫，我很自然地將我要創建晶片卡製造公司的項目告知他，希望他也能參與其中。然而，這卻成為我們衝突的開始，我們就公司的名字起了爭執。這個項目預計會放在我向湯姆遜公司臨時借來的一家控股公司中運行一段時間。我向海耶克宣佈了我最終為這個項目選定的名字——SMARCH。其中 S 代表超級，MARC 代表馬克，H 代表首席財務官赫希，因為他為公司制訂了一個能夠吸引投資者的優秀商業計劃。聽了這個名字，海耶克非常生氣，甚至威脅我們要打官司，因為這個名字和 Swatch 太相似了！其實，後面我們了解到，真正讓他憤怒的原因是他還在研發中的 SMART 汽車。但海耶克在當時不可能提到 SMART，因為這個項目要保密，直到產品被推向市場，才能產生出色的宣傳效果。這個主意很快就被我們忘在了腦後，更何況 SMARCH 這個名字並沒有激起人們的熱情。

1997 年，我們因金普斯收購奧地利的出入系統開發商 Skidata 公司再次見面。我是此次收購的唯一發起人，打算加強公司在非接觸式支付方式領域的地位。我順利說服了股東相信此次收購會為公司的發展帶來助力，我們正在盡最大努力以獲得成功。我的次子吉勒·拉敘斯將代表金普斯，和德國最強大工業集團之一的

弗朗茨海涅爾（Franz Haniel）建立聯繫，並隨後被任命為首席執行官。現在他是弗朗茨海涅爾的首席執行官，這個集團主要涉及運輸和分銷領域，他還持有麥德龍公司（Metro）的多數股份。

Skidata 公司專門負責對滑雪纜車、停車場等環境中通道和支付系統進行設計、開發、安裝和維護。它是射頻識別技術的先驅之一，這種「無線電標籤」可以遠程存儲和檢索數據。這家公司與海耶克的公司 Swatch 集團合作了兩年，它將微型天線集成到 Swatch 的錶盤上。Swatch Access 從此誕生，200 萬塊使用該裝置的手錶就像高速公路電子收費系統一樣，在瑞士、奧地利和意大利等幾個冬季運動勝地的滑雪纜車上投入使用。吉勒也同時負責金普斯與它的商務聯繫。

海耶克對任何可以整合到手錶中的新應用都感興趣。他正在考慮在手錶中增加電話、支付和個人識別功能。同時，他也對金普斯與法國電信的電話卡所取得的成果感興趣。他非常欣賞產品的配色方案和金普斯實現個性化視覺的可能性。

不幸的是，當金普斯的美國股東德太投資集團控制金普斯後，便迅速出售了 Skidata。Skidata 現在已成為該領域的主要參與者，其業務範圍遠至中國。這是一個不可饒恕的錯誤。關於這一點我將在本書後面提到。

Skidata 是金普斯發展的真正動力，能夠帶來可觀的利潤。在 2016 年時，Skidata 擁有相當多的專利，年營業額約 4.8 億歐元，與三藩市、拉斯維加斯等城市簽訂了自動化停車場管理合同。隨

着對網絡安全解決方案領導公司 Milestone Systems 的收購完成，我們才了解公司的損失有多大。協同效應顯而易見，金普斯很快就會發現自己陷入了嚴重的困境。不過，當時我也發出了許多警告，認為以亞歷克斯‧曼德爾為首的新管理層的明顯戰略錯誤會影響公司的未來。後面我將詳細論述。

2005 年，當我來到中國深圳最漂亮的停車場之一時，我感到憤怒，因為我注意到它配備了 Skidata 的接入系統，倫敦希思羅機場的停車場也是如此。放棄了一個如此大的盈利市場真是罪過啊！當我看到如今幾乎所有的支付卡都可以通過非接觸式支付功能進行小額支付的時候，就更加憤怒了！金普斯與 Skidata 和 Swatch 的合作領先了 10 年！

我還會有其他機會與尼古拉斯‧海耶克進行交流，特別是當我決定幫助我的一個擁有 146 項專利的發明家親戚時。他曾在多次競賽中獲勝，並贏得了許多國際獎杯，然而，他卻很難將自己的發明——名為 REVA 的新概念小汽車商業化。我建議他與海耶克聯繫，我們將在法國里維埃拉的昂蒂布與他見面，然而當時我們並不知道他已經在研發 SMART 汽車項目了。我們到達後，他的夫人非常禮貌地迎接了我們，並主動給我們倒水。而我們則在等待海耶克的網球比賽結束。當他回來時，海耶克非常驕傲地向我們宣佈：「這一次，我打敗了他！」這個對手正是偉大的電影演員讓－保羅‧貝爾蒙多（Jean-Paul Belmondo）。

海耶克夫人親自準備了晚餐，我的親戚則在晚餐時介紹了他

的發明。而後在喝咖啡時，有兩個非常冷酷且似乎是顧問的人加入了我們。他們是具有日耳曼人嚴謹作風的瑞士人，身着深色西裝，與穿短褲的海耶克形成了鮮明對比。他們一開始就用瑞士德語且以一種特別不愉快的方式稱呼海耶克。顯然，他們強烈反對任何合作，REVA 項目停留在了設想階段。

事實證明，REVA 被拒絕的大局已定，因為不久之後 SMART 項目就公佈了。但這個項目超出了 Swatch 集團的能力，奔馳最終接手了該項目。

後來，我還試圖說服海耶克部分外包手錶的晶片生產業務，以便讓我解決湯姆遜工廠的產能過剩問題，但我沒有成功。海耶克希望保留對半導體晶片製造的控制權，從而保持公司的技術獨立。他沒有錯，他的立場不難理解，但我必須試一試，哪怕這意味着我的報價大幅降低。

我們還是會有一些討論的機會，特別是當海耶克希望將 GSM 手機功能整合到手錶中的時候，他努力想與金普斯達成協議。但我必須勸阻他，因為如果整合了這些功能，手錶的體積將變得很大，即使我們可以把一些功能移到手錶的外圍。這個設想超越了時代 20 多年！

後來我們的聯繫就不再那麼頻繁了，我們都在各忙各的，海耶克忙於 SMART 汽車和手錶的生產和銷售，而我則專注於金普斯的發展。海耶克於 2010 年去世，回顧他的人生，簡言之他就是一個真正的行業領袖和營銷高手。

微晶片的誕生：
生活中一件必不可少的物品

1974 年 3 月 25 日，法國國家工業產權研究所

　　20 世紀 70 年代，羅蘭・莫雷諾（Roland Moreno）在《化學現狀》半月刊擔任編輯秘書，他也做過法國《快報》週刊的雜務人員，後來成為《偵探》週刊的記者，他在報刊業工作了多年。

　　這個男人對有關電子的一切都充滿了好奇和熱情。他活力無限，經常巧妙地使用文字。他認識總理夫人，經常和演員蒂埃里・勒米特（Thierry Lhermitte）在一起，並在雞尾酒會跟時任財政部長及未來的國際貨幣基金組織總裁多米尼克・斯特勞斯・卡恩（Dominique Strauss-Kahn）打招呼。他被人忽視的「左翼書呆子」的一面在他的人生中發揮了重要作用，他為自己打造了這種離經叛道的風格，這為他打開了一扇大門。他知道如何投機取巧。

　　他精心打理自己的外貌，留着毛茸茸的頭髮，穿着好看的衣

服，腳上穿着一雙人字拖，鼻樑上架着一副小圓眼鏡。他甚至在2006 年接受《法蘭西晚報》的採訪時稱自己是南布斯教授 ①。

此外，記者的身份也是他進入高科技公司實驗室的一把寶貴的鑰匙。在那裡，他樂於見到那些身上有許多秘密的工程師，了解他們的研究狀況。的確，工程師喜歡展示自己，展示自己的創新能力和擊敗競爭對手的能力。

羅蘭·莫雷諾不會讓自己在交談中損失哪怕一丁點兒利益，他一會兒表現出滑稽的一面，一會兒表現出阿諛奉承的一面。他知道如何變得自信。人們在交談中，總是會透露一些重要的信息，他要做的就是收集信息。

法國信息技術巨頭布爾是他喜歡參觀的公司之一。米歇爾·烏貢正在研究一種新的產品，即一種裝有電子晶片的卡。這張卡能夠存儲信息，並通過與外部設備的接觸進行「對話」。當時，其他幾位研究人員，如法國國家電信研究中心的達尼埃爾、德國的尤爾根·德斯洛夫和日本的有村國孝也都在探索存儲卡。羅蘭·莫雷諾之後將在慕尼黑的愛德華·萊茵基金會的技術獎項頒獎典禮上，以提名人的身份再次見到他們。我們之後再談這個問題。

羅蘭·莫雷諾致力於研究他的各種愛好：比如音樂，他喜歡的音樂人很廣泛，從甲殼蟲樂隊到巴赫；還有電影，他喜歡法蘭索瓦·杜魯福（François Truffaut）和他的《日以作夜》，後來喜歡

---

① 法國漫畫家安德烈·戴創作的漫畫人物，被用來指行為古怪、頭腦不清的科學家。

史丹利・寇比力克（Stanley Kubrick）和他的《2001 太空漫遊》；
還有讀書，他很喜歡看連環畫，戈特利布是他最喜歡的作家之
一，他還喜歡文學作品，尤其是莫里哀和帕尼奧爾的作品。正是
這種廣泛的興趣愛好，可能會讓人認為他讀過勒內・巴雅韋爾於
1968 年出版的小說《漫漫長夜》，並啟發了他後來支持便攜式電
子數據載體的研究。事實上，他首先想到的容納晶片外殼的形狀
是環形，將晶片嵌入其中。在圓環的頂部，有四個連接器，可以
插入接收設備，建立連接進行數據交換。這與小說中的描述相似。

　　他還聲稱只要酒的價格不超過 50 歐元，他就是酒類愛好者。
此外，羅蘭・莫雷諾科技（RMT）的名字也正是從活地・亞倫的
喜劇《Take the Money and Run》（TMR）中受到啟發，並將字母倒
置得到的。

　　1974 年 3 月 25 日清晨，從布爾公司獲得的靈感、讀過的科
幻小說和這部喜劇促使他來到法國國家工業產權局註冊了這項
讓他名聲大噪的專利。他得到了在凱斯勒律師事務所工作的該
領域專家讓・穆蘭的協助。穆蘭智商很高，特別喜歡下棋，有着
能在國際象棋中「預知 8 步棋」的美譽。穆蘭的聰慧對於莫雷諾
日後提出專利的補充權利極為重要。因此莫雷諾非常感激他，在
創建專門管理專利權的公司 Innovatron 後便委託他擔任總經理。
讓・穆蘭也將成為一個關鍵人物，因為當該行業的巨頭飛利浦、
布爾、斯倫貝謝（Schlumberger，全球最大的油田技術服務公司）
和西門子試圖使它們認為不正當的專利作廢時，他會堅決與這

些巨頭對抗。

1995 年，莫雷諾作為晶片卡「發明者」的地位被明確，他的名字被列入了拉魯斯和利特雷法語辭典，但他的自尊心從未得到滿足，他向《法蘭西晚報》宣稱：「雖然辭典中已經提到了我，但是我想進入格雷萬蠟像館，這才是最大的榮耀。」人性的複雜就這樣在光天化日之下顯露出來，他虛偽的謙卑面具被揭下，自戀的一面展示了出來。

一旦申請了專利，剩下要做的就是推廣使用，這是獲取專利費的必經之路。然而，不要搞錯了，在「無私的左派人道主義者」的偽裝下，莫雷諾實則是個唯利是圖的人。他從來都是用創造財富的能力來證明他的天賦。對他來說，一項發明的價值只在於它的盈利能力。事實上，晶片卡這項專利將為 Innovatron 帶來不少於 1.5 億法郎的專利費。直到 1998 年，這項專利才成為公眾都可使用的產品。

莫雷諾認為晶片卡一定要在銀行領域投入使用，他運用精湛的人際關係技巧儘可能地去說服他人。這將是一個充滿困難的過程，因為銀行還沒有為晶片技術的發展和使用作好準備，尚不明白其中的利害關係。要讓銀行業的所有參與者使用統一的系統，並為其配備網絡交易設備非常困難，更不必說配備系統所需的巨額經濟投入。這個任務非常艱巨，與之相關的開發者因處於不利地位也對此多有不滿。用磁條卡支付是 Visa、 Master、美國運通等美國運營商的特權，他們竭盡全力把持着制定磁條卡標準的特權。

要說服這些企業巨頭非常困難，我們知道，美國一直注重在發明領域保持其霸主地位，不接受別的國家在發明創造方面實現突破。

由於固執，莫雷諾拒絕在其他方面推動晶片卡的使用。然而我還有另一個願景，那就是將晶片卡用於電話卡，這完全符合法國電信的需求。將晶片卡植入電話卡也成為金普斯的主要工作。我們的商業報價很快就說服了法國電信，不久，法國所有的電話亭都使用了這種新的支付方式。錦上添花的是，晶片卡是投放廣告的理想媒介，這將為運營商帶來比電話費收入更為可觀的利潤。

事實上，Innovatron 在 15 年內獲利的 1.5 億法郎主要來自將晶片卡應用於電話卡，但莫雷諾卻強烈反對將晶片卡投入電信業。我們回想起他兩次來到位於熱姆諾的金普斯公司總部參加董事會的情景。他的兩個女兒陪着他乘坐直升機到達熱姆諾，他永遠穿着人字拖，且總是一副教訓者的樣子，無緣無故地在大會上指責公司管理者在電信領域，特別是在 SIM 卡方面的戰略選擇。對他來說，晶片卡除了應用於銀行業之外沒有任何前途，他也一直堅持要停產電話卡並中止所有相關融資。這真是判斷失誤！正是電話卡和隨後出現的 SIM 卡的全球推廣才促成了公司最初的迅速發展。

在銀行業方面，直到 1986 年，即申請專利 12 年後，晶片卡的使用標準才被通過，法國也才創立了銀行卡組織。

我和羅蘭・莫雷諾之間的關係也經歷了很多波折。我還在湯姆遜公司工作時，就已經對他的創新能力和「天才發明家」的美

譽十分感興趣。我去他在巴黎的辦公室拜訪時就被他逗笑了。他光着腳走來走去，毫不吝嗇於開粗俗的玩笑，他的辦公桌上擺滿了各種各樣的物件，身邊還圍着穿着清涼的女助理。他也是附近餐館的常客，在那裡他有自己的就餐和支付通道，不需要去前台點餐和結賬。

　　但是，很快我們之間就產生了矛盾，甚至是對抗。第一次衝突出現得很快。那時，我正在湯姆遜公司做電話卡項目。我們知道，湯姆遜公司會放棄電話卡項目的主導權，這一舉動將最終導致金普斯公司的成立。於是，我萌生了與布爾公司合資建立晶片卡製造廠的想法。事實上，湯姆遜公司在半導體晶片、微封裝技術和大規模物流方面的表現非常卓越，而我們的客戶布爾公司則在信息技術安全和銀行系統功能方面頗有建樹。這次的合作似乎很有前景，於是我約見了布爾公司的首席執行官弗朗西斯·洛倫茨先生，隨行的還有湯姆遜的首席執行官雅克·諾埃爾和市場總監卡洛·扎尼。然而，洛倫茨對我們的態度讓我們感到非常驚訝！他們很快給我們看了一份報刊上關於羅蘭·莫雷諾不友善言論的文章。莫雷諾以所謂的政治原因作掩護，譴責湯姆遜公司利用詭計將布爾公司從晶片卡市場上趕走。莫雷諾作為一個真正的馬基雅維利主義者[1]已經達到了他的目的。他曾因愛管閒事的性

---

[1] 馬基雅維利（Niccolò Machiavelli，1469-1527）是意大利政治家和歷史學家，以主張為達目的可以不擇手段而廣為人知，馬基雅維利主義也因之成為權術和謀略的代名詞。馬基雅維利主義者即指為達目的不擇手段的人。

格和不當專利申請而被布爾公司排斥，也正是這個原因，莫雷諾才痛恨布爾公司。

然而，正是因為他將這次併購扼殺在萌芽階段，金普斯公司才得以創立。事實上，儘管首席執行官雅克·諾埃爾對這款產品抱有很大的熱情，湯姆遜公司還是因為這個後知後覺的巨大錯誤最終放棄了這款產品。因此，湯姆遜決定將金普斯的聯合創始人讓－皮埃爾·格洛東開發的微封裝技術以及晶片卡全自動生產線的初步研究成果出售給我創辦的公司。湯姆遜公司規定我們必須在 1987 年 3 月 31 日前籌集到開辦企業所需的 3000 萬法郎，否則湯姆遜將取消合作並收回這些技術。

我和羅蘭·莫雷諾相識得更早。1986 年，他曾來到我所工作的湯姆遜公司在普羅旺斯的工廠參觀。在那裡，我們利用法國電信提供的資金開發了著名的晶片卡，後來這些晶片卡被應用在了法國電信的電話卡上。莫雷諾在他的夥伴讓·穆蘭的陪同下來工廠參觀，他們實際上是來了解技術的研發進展，並想知道我們研發的產品能否超過他 1974 年申請的專利。他通過晶片卡在電話卡上的應用獲得了巨額財富，而不是通過他當初設想的在銀行業中的應用。

我們就是通過他的公司 Innovatron 找到他的，在這輪融資中，我們需要籌集 3000 萬法郎作為金普斯的初始資本。我成功地說服了我過去在湯姆遜共事的同事、原始股東與法國電信。除了法國電信對 1500 萬張電話卡進行了估值並入了股，法國巴黎銀行的分支機構 Banexi、加利福尼亞州的 BBHQ 投資公司和湯

姆遜風投公司也都成為金普斯的參股公司。

我和湯姆遜的股東在湯姆遜風險投資公司待了一陣子，並與阿蘭·戈麥斯領導的管理團隊保持着密切的聯繫。作為湯姆遜風險投資公司的首席執行官，戈麥斯與國家高層關係密切，如時任企業和經濟發展部長阿蘭·馬德蘭、國防部長弗朗索瓦·萊奧塔爾和工業部長熱拉爾·隆蓋。

有一天，我突然接到戈麥斯的指示，要求我去會見歐貝特（Oberthur）科技公司的總裁 —— 讓－皮埃爾·薩瓦雷。我們在他位於巴黎香榭麗舍大街的辦公室裡見了面。讓－皮埃爾·薩瓦雷手握昂貴的雪茄，歡迎我的到來。這是我們的第二次見面。事實上我們 1968 年在亞利桑拿州的鳳凰城就已經認識了，我們都參加了領事為法國人組織的聚會。當時讓－皮埃爾·薩瓦雷在布爾公司工作，而我在摩托羅拉工作。

歐貝特是一家非常古老的公司，原本專門印刷郵票和日曆。薩瓦雷在這家公司遇到困難的時候，在其前雇主法國巴黎銀行的幫助下接管了這家公司。他還喜歡説自己是被開除的「破壞罷工的人」。事實證明，他有能力在一夜之間將他在掌管法國巴黎銀行信息技術部期間研發的技術轉移到一家專門的公司 Sodinforg，從而將罷工者造成的危害降到最低。

作為一個實業家，薩瓦雷憑着強大的商業意識，推動這家公司走向卓越。現在這家公司專門印刷信託文件、彩票、刮刮樂、郵票，還為非洲和拉丁美洲國家印刷鈔票。公司當時的目標是進

入電子支付領域，薩瓦雷已經預見了晶片卡的前景，特別是智能銀行卡定將取代單一的磁條卡。他還自詡與當時的領導人關係非常密切。他和阿蘭·馬德蘭（Alain Madelin，曾任法國經濟和財政部長）一起打高爾夫，他被授予了榮譽軍團勳章，他的工廠也設在當時皮埃爾·梅埃涅利（Pierre Méhaignerie，曾任法國國民議會議員）的選區諾曼第的維特雷。他了解到，湯姆遜有能力研發半導體晶片並將晶片嵌入銀行卡。他也了解我具備這個領域所需的能力，所以非常歡迎我的來訪。

他稱讚我是天才，也確實邀請了我加入他的公司。但我當時一門心思想創業，並決意要進入電話卡市場。我以要去美國為藉口，告訴他我兩週後回來便給他答覆，因為我堅信兩週內我一定能籌集到足夠的資金。

當期限過去，薩瓦雷越來越堅持讓我加入他的公司，而我卻不能回去。對我而言，加入歐貝特公司完全不符合我和股東的商業計劃。我們從法國電信與我們簽訂的 1500 萬張電話卡合同中感受到了強大的支持，我也深知電話行業對法國電信發展戰略的重要性，因此，我盡了最大努力說服薩瓦雷放棄電信市場。我強調了歐貝特公司的文化，歷史上這家公司是以金融交易而不是以電信為導向的。我堅持認為電話卡產生的附加值遠低於對銀行卡的未來預期。薩瓦雷作為一位嫻熟的談判者和實業家，回答說，為了開拓新的業務並顯示自己有能力降低成本，電話卡的高銷量在很大程度上啟發了他。薩瓦雷不愧是一個經驗豐富的實業家，

他說，「在製造勞斯萊斯之前，要先學會如何製造只有兩馬力，但產量很大的普通汽車」。他反覆推敲出一個與布爾公司現行戰略完全相反的戰略。這一點他確實是對的，確實應該先降低成本，再提高產品的質量。這時，他向我透露，他已經直接與熱拉爾·隆蓋（Gerard Longuet，曾任法國國防部長和商務部長）談下了一個電話卡合同。他會在隆蓋的選區洛林建立一個支票簿印刷廠，並已經過商議得到了一個高得驚人的電話卡售價。

這時我才知道他是在「虛張聲勢」。我知道法國電信的採購能力，這絕對不可能是法國電信的第二筆訂單……

我決定揭開一切，我告訴他我仍在堅持創建金普斯，都有哪些投資者支持金普斯以及我們與法國電信的交易。薩瓦雷很憤怒並開始啟用他的政治背景：

「這到底是甚麼事！戈麥斯『死』定了，我要讓他知道我的厲害！」

「為我呼叫隆蓋部長。」他向他的助手下令道。

我試圖讓他平靜下來，便向他解釋說：「我的總裁甚至沒有被告知項目的任何細節，無論如何，這不是湯姆遜風險投資公司的責任。目前，這一輪談判正在進行中，收購的資金將在5月1日前支付完畢。」

我犯了一個錯誤，向薩瓦雷透露了我的合夥人，其中包括巴黎銀行的分支機構Banexi……薩瓦雷沉思，我們的面談很快結束了。

　　莫雷諾在 3 月 31 日這個至關重要的日子之前的幾天給我打了個電話，告知我他與湯姆遜風險投資公司的合作結束了。

　　我非常震驚。

　　他說：「一切都毀了！你怎麼還沒反應過來？我還以為你是個思維敏捷的人呢！」

　　我一頭霧水。

　　他接着說：「怎麼會這樣？你沒聽說嗎？Banexi 和湯姆遜迫於政治壓力而選擇了退出。這個項目已經完蛋了！」

　　然後莫雷諾在我驚愕到無語時還補充道：「啊，我明白了！的確，你還不了解情況，但我想我知道問題出在哪裡。我已經和 Banexi 的人交涉過。湯姆遜風險投資公司的退出已經讓這個項目變得不再值得信任。而且，隨着 Banexi 的退出，你的項目名譽掃地，在金融界無法成功進行融資了。」

　　我試圖打電話給我在湯姆遜風險投資公司的前同事克里斯蒂安．巴比耶以了解到底發生了甚麼，因為他不僅是投資人，也是金普斯公司首席戰略官的候選人。但是他卻告訴我他不該對此發表意見，並以去美國出差為藉口避免與我聯繫。最後，他還囂張地命令我不要在他陪伴家人時打擾他。比如這次通話，就是我在他出發前的週日晚飯時間打的。

　　我不需要了解更多了，來自薩瓦雷政治背景的威脅已經生效。他作為巴黎銀行的前雇員迫使 Banexi 放棄了投資，同時戈麥斯因為職位還沒有被新任的右派政府確認，而被各部長施加壓力。

就在這時，莫雷諾建議我再試一次，他和法國支付終端公司銀捷尼科（Ingenico）的行政總裁讓－雅克·普特雷很熟。莫雷諾說服我一起去見普特雷，並勸說他投資晶片卡項目。事實上我不得不在短時間內更換 Banexi 和湯姆遜風險投資公司這兩個投資人。更重要的是，我難以理解為甚麼參與了如此之多項目的湯姆遜風險投資公司會選擇退出，這對金普斯公司的成立造成了嚴重的破壞。那麼，這背後到底隱藏了甚麼？

在銀捷尼科公司開會的當天，我們非常興奮。公司創始人普特雷在辦公桌上敲打着鍵盤，剛進入巴黎證券交易所的服務器就發現他的公司市值剛剛超過了達索公司，而他的這家剛剛上市的年輕公司僅有幾十名員工。這讓他本人也感到非常震驚。

在他即將開香檳慶祝的辦公室裡，我和羅蘭·莫雷諾一起闡釋了我們的論點。普特雷熱情高漲，他想獲得多數股權。但出於保證對創始成員和第一批股東的公平，我拒絕了他的提議。我建議他的持股比例在 15% 左右，普特雷這位優秀的操盤手最後接受了我的建議。

金普斯項目活過來了！在這次成功融資的基礎上，我又獲得了另一家銀行機構——里昂信貸銀行的子公司 Innolion 的投資。最後，英國投資基金弗雷明風投也在激烈的談判中被我說服，項目最終塵埃落定。BBHQ 投資公司則以其智慧和對市場的理解，成為我們的基準投資者！

金普斯終於揭開帷幕了，股東基礎相當平衡：法國銀行、作

為客戶的法國電信、英國和美國的風投公司、擁有專利的莫雷諾以及五位創始人（讓－皮埃爾‧格洛東、菲利普‧馬埃斯、達尼埃爾‧勒加爾、吉勒‧利希馬克和我）。

匆忙拼湊起來的第二輪融資比第一輪融資更成功，而就讓各方下調入股比重的計謀而言，這輪融資甚至是十分必要的。強大的信心會很矛盾地使股東間的談判變得相當困難，無論是與參與第二輪融資的股東談判，還是與一開始就願意投資的股東談判。薩瓦雷再一次也是最後一次嘗試邀請我和我的團隊加入他的公司。他向我描繪了藍色海岸不動產投資的盈利前景，他還毫不猶豫地給我看了一些富饒的葡萄酒莊園和奢華別墅的照片，甚至帶我去參觀了其中的兩棟別墅。

但這一切都不可信，也不可接受，我與歐貝特集團徹底決裂了。這件事給薩瓦雷及其同夥留下的「教訓」是 —— 他們本該晚兩週再從中作梗。事實上，如果薩瓦雷他們有耐心晚一些時候再出手，金普斯的創始團隊根本無法進行新一輪的融資。

最後在與湯姆遜簽訂協議的當天，技術的轉讓仍然出現了問題。湯姆遜堅信我和股東們是來投降的，因為我們一直承受着巨大的政治壓力。然而電梯根本容不下我們這麼多人。湯姆遜希望儘快回收其技術，並與新夥伴歐貝特進行談判。因此，至少可以說，收購似乎受到了影響。

面對這種突發狀況，湯姆遜的代表紛紛呼籲要求有一定的時間來思考。休會期間，公司首席法律顧問伊麗莎白‧阿皮茨警告

他們：「先生們，你們是否知道，如果不遵守合同條款，我們將損失慘重！」

　　就在這時，湯姆遜的管理人員要求我單獨和他們一起談論，並向我表示他們拒絕履行合同條款。我平靜地回答：「如果你們堅持這種態度，我會向媒體譴責這種權力濫用。此外，我還要提醒大家，得罪我們的第一大客戶和股東 —— 法國電信可能造成的後果是，法國電信的管理人員同樣會因為受到政治壓力而對薩瓦雷的評價降低。」管理人員普遍認為這樣的行為難以接受。

　　他們回到會議室後便簽下了自己的名字。雖然這段災難性的插曲對湯姆遜來說並不光彩，但戈麥斯還是保住了他在湯姆遜的職位！

　　我們終於可以高喊勝利了！我們的公司成立了，公司簽訂了所有的技術協議並獲得了足夠的融資。然而，一切都有待通過晶片卡技術、生產能力和銷售能力來證明。

　　至於讓–皮埃爾·薩瓦雷，他還是會經常和我見面，並告訴我他在我上幼兒園的時候就已經身居高位了。他說的沒錯，與他相比，我仍然是專業上的「矮子」。事實上，我在一個典型的法國政治環境中獨自前進，沒有經驗，也沒有任何支持。我不習慣這樣的環境，因為我的職業生涯主要是在國外度過的。

　　關於莫雷諾，我們能說甚麼呢？金普斯的建立在很大程度上要歸功於他，因為他破壞了我們與布爾公司的合作，無意中推動了公司的建立。在我們與銀捷尼科的合作以及第二輪融資中，他

也是功不可沒。因此，我們大概可以說，莫雷諾最大的貢獻是推動了金普斯的創立。

我和莫雷諾之間的這場「又愛又恨」的遊戲將會持續下去。他會為公司帶來麻煩，甚至會擾亂公司的正常運營。他與布爾公司之間有舊怨。布爾公司在銀行的晶片卡安全架構上投入了大量的資金，開發了著名的 SPOM 結構。法國銀行卡組織旗下的銀行集團對這一產品進行了認證，並宣佈這款產品將被大規模投放市場。但是，當涉及與安全有關的信息技術時，尤其是涉及金融交易時，「黑客」總是想方設法地進行破壞。一些公司甚至設有專門的團隊，他們的職責就是試圖「破解」保護措施以發現「缺陷」，由此加強產品的安全架構。

羅蘭·莫雷諾的 Innovatron 安全團隊正在努力工作，但還沒有發現任何問題。這時，莫雷諾才知道在法國南部的兩個實驗室裡，布爾公司的晶片也被入侵了。他把這些信息分享給在一家知名日報社工作的調查記者，並想從他那得到更多信息。隨後，記者主動與法國銀行卡組織的董事長見面，並告訴他相關信息，如果董事長同意將個人銀行卡交給他，他將在 48 小時內帶着破譯的密碼回來，並有可能讓所有人知道。董事長也很想弄清楚情況就答應了。

這位記者不知道的是，他引發了一場不可思議的騷動，法國特勤局和布爾公司的安全部門都要參與進來。他立即追蹤了過去，事後他還自豪地宣稱自己跟得非常緊。他不知道的是，他在

奧利機場登上飛往馬賽的飛機的情況很快就會被曝光。

　　在這個地區，誰能入侵布爾公司設計的安全級別最高的晶片呢？

　　第二天，法國銀行卡組織的董事長驚恐地發現，記者竟然不費吹灰之力就說出了銀行卡的密碼。顯然，晶片設計上存在重大缺陷，產品不能按原樣發行了。我面見了布爾公司的總裁，在場的還有眾多銀行業代表和安全系統專家。總裁當時對那個「漏洞」一無所知，甚至開始懷疑他的工程師會利用那個漏洞。不過，金普斯並不擔心。事實上，羅蘭‧莫雷諾還能夠發掘出至少一支具有這種能力的團隊，而且欣然告訴了布爾公司。

　　當雇用該名記者的報社老闆試圖向布爾公司索要封口費時，事情就變得更加複雜了。他們之間會達成協議，但有一個明確的條件，即該記者必須移居美國加州。實際上他在那裡度過了幾年快樂的時光，我頻繁出差加州時也曾找他談論過這件荒誕的事。

　　我和莫雷諾之間的關係也沒有好到哪裡去。1996 年，我和他一同前往慕尼黑出席愛德華‧萊茵基金會的頒獎儀式，該機構授予了他一等獎。這場聲勢浩大的活動提出了着裝要求 —— 燕尾服和長裙。但他卻衣冠不整。在頒獎典禮上，他還輕蔑地發表了不當言論，聲稱大會準備給他的 30 萬法郎的支票並不令他滿意。此外，當他說出剛剛獲得的獎杯「在他的廁所裡連個位置都找不到」的時候，台下一片譁然！我很想彌補一下，覺得自己有責任到台上說他的情緒不受控制，從而為他開脫。毫無疑問他的行為是在

給法國丟臉。

細細想來，人們可能會認為，他發火的對象可能是他看不上眼的德國人尤爾根·德斯洛夫。尤爾根對他來說是競爭對手，可能會給他獲取專利費帶來麻煩。他在加拿大又一次引起了轟動。在他應邀參加的一次會議的問答環節中，有一位觀眾向他表示祝賀，因為電話卡的成功使他更為富有。莫雷諾可能找不到更好的回答，竟說「錢不是我的動力，電話卡對我來說真的沒用」。

那麼最後，晶片卡到底是誰的發明？

許多人都可以聲稱自己是發明者，但羅蘭·莫雷諾是其中最投機取巧且最固執的一個，尤其是在申請專利方面。因此，歷史才會記住他的名字。

然而，他雖然從專利申請中獲得了可觀的專利使用費，但後來卻不那麼順利。首先，在財務上，他投資了很多家公司，卻沒有給他帶來回報。之後失望接踵而至，他所積累的資本很快就像陽光下的雪一樣融化，莫雷諾最終陷入了非常嚴重的困境。

也正因如此，他才在 1999 年 10 月給我寄了一封信，告知了他的處境。他無力償還德克夏銀行 120 萬法郎的貸款和稅務機關 160 萬法郎的債務。因此，他正在考慮將 Innovatron 持有金普斯的股份出售給一小部分希望投資公司的員工。他請求我幫助他完成這次交易，因為這是唯一能幫助他解決問題的辦法。只要交易能成功，他就能基本還清債務。後來，他的左手在法國南部的一起交通事故中受了傷，他也完全失去了行動能力。他開始過度增

重，在 2011 年他接受某電視台採訪時就可以看出這一點。最後他精力衰竭，被病魔奪去了生命。2012 年 4 月 29 日，他因肺栓塞去世，享年 67 歲。

如果想了解這個讓人又愛又恨的人，我們可以看他的第一個視頻。當面試官問二十多歲的莫雷諾認為自己是野心勃勃還是不擇手段時，他毫不猶豫地回答：「對我來說，所有的手段都是為了達到目的。」

他的去世結束了關於晶片卡發明者是誰的爭論……

第二章

近朱者赤

金普斯非凡史詩的緣起

1988 年 5 月，法國，羅訥河口省，熱姆諾

　　我們的公司創建於 1988 年，起初並沒有想過要成為世界龍頭。為評估晶片卡作為新產品的潛力，湯姆遜曾委託著名的波士頓諮詢公司進行了一項研究。結果顯示，市場每年最多可以消耗 6 萬張晶片卡，且僅適用於信息安全領域。這太不切實際了！其實，後來我們賣出的晶片卡達數十億張。但是包括我的雇主 ── 湯姆遜的高管在內，很少有人相信晶片卡的潛力。

　　所以可以想像當我深信前途光明，並下定決心盡全力實現目標時，我該有多麼失望。我們的第一步是組成了一個財審會，其中包括第一個客戶法國電信，它給公司下了第一筆電話卡訂單。這個起步，再加上這位電信領域的重量級參與者，使公司能夠基於一種全新的製造理念建立起全自動生產線，雖然這種理念與當時所有的卡片製造技術背道而馳。

在這個小眾市場中，無論是歐洲公司還是日本公司，都在使用美國的傳統磁條技術——在卡片上安裝傳統磁條，而我們要使用電子晶片替代傳統磁條。這種模式通過類似製造鈔票的打印術，來確保金融交易安全。

然而，無論是 Visa、萬事達還是美國運通的支付卡，其標準厚度都為 0.76 毫米，這種厚度無法使用打印票證的膠印機。所以，必須先把 0.1 毫米厚的塑料薄片像紙幣一樣滑過機器的巨大捲輪。按照 60PPM（每分鐘紙張數）的打印速度，印出卡片的正面和背面。然後熱軋至少七張塑料片以達到標準作用厚度，再把生產出的卡片切割開，分別對每一張進行機械銑削操作，以便在加工好的插槽中嵌入「微模塊」，也就是包含着晶片的小金片。

這個辦法不過是權宜之計，作為金普斯的創始人，我們相信一定會有更好的選擇，於是決定推倒重來。尤其是讓-皮埃爾·格洛東和我本人，我們從半導體行業的職業生涯中汲取靈感，產生了製造晶片卡的念頭。如果用晶片卡來封裝電子晶片，而不是將電子晶片裝在塑料支架中，那麼技術的關鍵在於向晶片周圍添加塑料，也就是以卡定型。

定型的方法是注塑。這個辦法還有一個好處，就是可以對塑料進行回收，遠比其他使用 PVC（聚氯乙烯）的層壓技術環保得多。

有了這些不斷進步的新技術，我們幾位創始人決定賭一把，要推出比現行市場價格低一半的卡片。法國電信總經理夏爾·羅

兹馬林和執行總裁馬克·福西爾也勇敢地接受了這個賭注。他們簽署了開發合同，為自動化生產線提供資金。對金普斯的誕生而言，這份支持彌足珍貴。

此前，電話卡市場疲軟，主要歸咎於定價過高且質量太差，多達 2%–3% 的電話卡出廠就無法使用。金普斯則敢於宣稱，可以保證廢棄率不超過 0.01%。這完全符合模製封裝半導體行業的日常執行率。可喜的是，我們的價格還比競爭對手低一半。

於是我們開始選擇第一個生產場所的地點。我們與湯姆遜達成了一項關於工程師團隊離職條件的協議，規定可提供一筆豐厚的援助資金給那些接收被解雇員工的位於普羅旺斯地區艾克斯的企業。因為在過時的二極管和電晶體生產線停產後，公司面臨着嚴重的人員過剩。

同時，拉西奧塔的范諾德造船廠永久關閉，解雇了數千名工人。為儘可能給大家安排工作，法國政府也制定了一項誘人的激勵政策，鼓勵企業在縣城落地。憑藉這個條件，金普斯如果承諾至少招聘 150 人，就可以向國土規劃及地區活動代表團申請一筆 1600 萬法郎的發展援助金，或者申請免繳未來 10 年的公司稅。

與其他人的想法不同，我更看重未來並選擇了第二種方案。事實證明，這確實是明智的決定，而且對公司發展產生了巨大的積極影響。公司迅速賺取了不菲的利潤，並憑藉免稅政策進行了再投資。

公司高層還獲得了馬賽普羅旺斯工業化公司總經理莫里斯·

巴塔耶的寶貴支持，這家公司負責范諾德船廠的改建。莫里斯竭盡全力，尋找高質量的可用土地，甚至考慮到了公司未來的擴張，並努力為所有交易提供便利。我們的挑戰在於如何將工廠修建在拉西奧塔的最北端，以儘可能接近未來的員工。因為他們大部分會來自湯姆遜，且居住在艾克斯、馬賽和拉西奧塔的三角地區，工廠建在拉西奧塔的最北端才能方便他們到達公司。

最終，我們選擇了迷人的普羅旺斯村莊熱姆諾。這裡交通便利，符合期待，恰好位於直通土倫、尼斯、馬賽和艾克斯的高速公路網絡十字路口。

這場冒險活動以領頭小組進入工作狀態為開啟方式。該領頭小組是我在湯姆遜創建的一個項目小組，它的出現迎來了晶片卡從微電子領域中「剝離」的機會。雅克・諾埃爾是湯姆遜唯一看好晶片卡業務前景的高級管理人員，在他的開明領導下，我一直負責集團內專門從事高端半導體生產的工廠，比如魯塞特和格勒諾布爾的工廠。

這座城市蘊藏着研發組的主力。我離開湯姆遜時是在傷心和不捨中告別了他們。讓・特爾姆 —— 格勒諾布爾國立理工學院的年輕畢業生，就是其中之一。他在這裡有過一段輝煌的職業生涯，後來被任命為法國原子能委員會（CEA）主任，在那裡打造出「歐洲微米和納米技術第一中心」。他是一名行動主義者，永遠都在彰顯他的法式才華，他將許多初創公司引入被稱為「法國矽谷」的格勒諾布爾盆地。

2006 年 6 月，在 Minatec 公司（一家生產技術控制工具、束縛裝置和「智能」武器的公司）揭幕之際，他曾宣稱自己傷感於美國人開發出了一種全球電子間諜系統並把計算機廢料出口到中國，而這些竟與他無關……

對他來説，成為法國原子能委員會主任是一次機遇，他説：「這次機會是由我的導師馬克・拉敍斯引薦的。」這也是對我本人的高度認可。

白手起家

1988 年夏，法國，普羅旺斯地區艾克斯

　　我們以創始人為核心組建團隊，最初的根據地是在普羅旺斯地區艾克斯以東，魯塞特市的湯姆遜工廠。我感到自己回到了熟悉的地方，我曾經在這裡擔任湯姆遜相關業務的總監。也是在這裡，我們開發出用於電話卡的晶片。後來，意大利 SGS 微電子公司（國際公認的檢驗、鑑定、測試和認證機構）和湯姆遜半導體公司合併，變成了法意半導體集團。我離開湯姆遜的時候，曾與我在摩托羅拉共事 15 年的帕斯誇萊・皮斯托里奧接手了首席執行官職位。意大利人恩尼奧・菲勞羅則接任了我的職位，這對他來講純屬意外，宛如天上掉餡餅。

　　但菲勞羅讓金普斯團隊的發展變得艱難，他總是想盡辦法破壞我們與湯姆遜達成的協議。雖然協議中作了相關規定，但他仍竭力反對轉讓微模塊製造技術給我的另一家位於艾克斯萊班

附近的格蕾西的工廠。毫無疑問，對於菲勞羅而言，只有法意半導體集團發展晶片業務他才有利可圖。但無論如何，合同就應以此為準，況且我們已經向法意半導體集團支付了 3000 萬法郎的費用。

　　但萬萬沒想到，在一個美好的清晨，團隊被迫面對關閉的魯塞特工廠，我們只得匆忙跑回普羅旺斯地區艾克斯的老工廠。後來，我們把微模塊製造設備從艾克斯萊班的工廠轉運過來，並等待熱姆諾的新場地投入運營。雖然熱姆諾的這棟建築破舊不堪，但勝在無須付費且可以馬上使用。它緊鄰一個被當地稱為「火柴工廠」的廢棄工廠。數十年間，這裡都在生產法國火柴，後來馬塞爾・比克（Marcel Bich，世界領先的圓珠筆、打火機和剃鬚刀生產商 Bic 的共同創始人）和他著名的小打火機徹底終結了火柴和這些生產火柴的工廠。這是普羅旺斯地區艾克斯的心臟地帶，並在幾年後變成一個豪華的露天購物中心 —— 普羅旺斯大道，通向著名地標羅通德廣場。

　　在各種錯綜複雜的機緣巧合下，阿爾諾・蒙特布爾如今在這裡建立起新公司——「杏仁公司」。作為曾經的財政部長，蒙特布爾曾強烈反對通用電氣收購阿爾斯通，並要求把杏仁生產重新引入法國。目前，世界杏仁產量的 80% 來自美國的加利福尼亞州，法國杏仁產量已減至幾乎為零，並不得不從國外進口。杏仁的生產曾使法國南方的農民有過一段好日子。但在法國和美國的較量中，法國尚未反擊。

第一個微型模塊正是在此時問世的。而矛盾的是，產品最初竟然是為金普斯未來的競爭者而生產的，如布爾電器、歐貝特和斯倫貝謝。這幾家公司之前的供應商是湯姆遜，而且沒有任何其他備選。為了滿足人員需求，金普斯開始雇用來自湯姆遜的女員工、生產操作員以及技術人員。他們全都擁有扎實的專業知識，並且在經歷數次解雇浪潮之後，都表現出標兵式的專業狀態和對公司的絕對忠誠。在金普斯的發展過程中，他們無疑成為公司取得成功的重要保障。他們將會明白穩定的工作崗位的益處和重要性，並且明白在公司經濟狀況惡化時，工會是無法有效控制危機並為他們提供任何幫助的。

隨後，迅速開啟了發展的新階段，大規模生產、創新技術、卡的成型、逐張打印都成為可能，而這正是金普斯與競爭對手的區別所在。在世界任何地方，這些都是前所未有的。

在用某種火花噴射技術製造昂貴模具的過程中，我們掌握了注塑工藝。從實現包裹晶片的微模塊插座底部 1/10 毫米厚度的可複製性，到進行不溶解塑料基材的快速黏合劑的選擇，在每一個流程中，我們都克服了重重困難，付出了巨大的努力，才最終掌握了這項工藝。對傑拉德·郭束的團隊而言，這卻意味着許多個不眠之夜。他們需要研究工藝過程的可重複性，並研究如何提高生產率，以儘可能降低成本。

金普斯與眾不同的另一個特點是掌握並精通單獨打印每張卡片的技術。最初，我們使用簡單且自動化程度不高的小型辦公機

器，但這需要大量的人工操作，效率偏低。於是我們找到法國一個村莊的小型印刷廠，以期打破這一瓶頸。但機器每次只能打印一種顏色，若想打印多種顏色，只能是有多少個顏色，就打印多少次，別無他法。

於是，讓－皮埃爾·格洛東和我嘗試着尋找自動四色印刷技術。最終，日本的一家工廠提供了解決辦法。其實，我在湯姆遜工作時就曾從日本帶回來一些極好的彩色印刷塑料卡片。在日本街頭，一到晚上都有人在街上發這類卡片。

我們仔細研究了這些卡片，並決定儘一切可能使用這項先進技術。日本東洋油墨公司憑藉配備四個集成噴頭（每個噴頭顏色不同）的自動化機器，很快成為該領域市場上效率最高的公司。在磁頭下方逐一滾動的卡片只需單次通過即可上色。在實地考察了機器的性能後，我們立即下單。為減少運輸成本，我們決定通過海運而非空運將印刷機送到法國，但這造成了災難性的後果。第一台機器運達法國時情況非常慘烈，精密機械受到了海洋環境的極強腐蝕，而機器最初的設計是將它運用在封閉的環境中。製造商之前從來沒有考慮過海洋環境的腐蝕問題，因為他們從來沒向日本以外的地方出售過這類設備。

於是，技術團隊晝夜不停地趕工十天，拆除了所有部件，清潔、潤滑、更換損壞組件。稍作調試後，我們就以非凡的熱情準備迎接第一批成果。

這台巨大又精密的儀器奠定了金普斯在單卡四色印刷領域至

高無上的地位。它的產品質量高，生產成本低，完全顛覆了原有技術。

金普斯憑藉這項獨有的技術，可以遊刃有餘地為法國電信提供產品，每批次可以生產幾張到幾百萬張數量不等的卡片，而且每次都可以修改外觀，從而將晶片卡變成真正的廣告媒介。最初，這項技術使法國電信這家老派企業大為驚詫，他們毫不猶豫地拒絕了這一提議。但是，它的一個叫作「T 製作組」的通信機構很快就明白了這一技術的優勢和潛在的商機，並接受了我們的提議。這一技術的使用最終實現了巨大的雙贏：法國電信可以向廣告商出售晶片卡上的廣告位；金普斯公司憑藉這一獨特優勢，能夠以高於競爭對手的價格出售晶片卡。我們立刻就創造了出色的財務業績，迅速彌補了開發成本帶來的資金不足。

我們不僅能保證產品的質量、充分控制成本，還可以實現批量生產，滿足了市場需求。受 Swatch 創始人尼古拉斯·海耶克的啟發，我大力倡導將「循環時間」作為一種信仰。也就是説，應當以此方式管理每一個生產單位，從而儘可能壓縮產品從開始生產到完成生產的時間。使用了這種方法後，生產全流程的各階段都得到顯著改善，生產線上的產品有所減少，發生技術故障時能立即作出反應，報廢率大幅降低，產品的質量水平得到更優控制，新產品能很快進入銷售市場。按照這種方式，金普斯的所有生產線都可以一年 365 天、每天 24 小時不間斷地運行，而我們的競爭對手卻要在假期關閉工廠。金普斯的獲利空間更大，一年一年

拿下穩定的市場份額。這種運行方式需要嚴格的控制，而這種嚴格很快就變成了一種嫻熟的操作，融入公司的基因。

　　卡片從下單到送達客戶手裡，如果可以僅花三週甚至三天時間，何必等三個月呢？這是金普斯彰顯能力的又一項創舉。

　　當然，上述方法得以實施，並取得成果，得益於與馬賽的賽博耐特公司合作。該公司由創始人夏爾・帕倫博領導，專門研究機器人技術。該公司最初受到兩大股東法國原子技術公司和法國海事鑑定公司的支持。後者也是馬賽的一家公司，由優秀的企業家亨利・德勞茲創建，是世界知名的水下勘探企業。

　　法國電信成功進入電話卡產品認證階段，通過了所有耐力測試，可以進行批量生產，而且價格極具競爭力。他們最初用於開發自動化生產線的資金迅速回籠，並轉向這筆較有保障的投資。熱姆諾的新工廠飛速建成，也迅速實現了搬遷，這為所有員工提供了更加舒適的工作環境。不過，這一新階段的到來為先驅時代敲響了喪鐘。正如美國加利福尼亞州盛行的說法，先驅們早期憑藉工人的征服精神「在車庫裡白手起家」。

微處理器的出現：見證時代的革命

1989 年，法國，普羅旺斯地區艾克斯

　　實際上，我們為法國電信設計的電話卡是存儲卡的第一個實際應用。其中的晶片是一個非常簡單的組件，微保險絲被植入小型的矽存儲器上，它會隨着使用次數的增加而逐漸被燒毀。然後它會像普通剃鬚刀一樣被丟棄，也可以像收藏品那樣被收藏。因為不再使用，它會變成潛在的寶貝。

　　安全性是晶片卡的關鍵因素。這就需要內存微處理器能夠承擔加密任務，從而確保數據安全。如果沒有能夠保證充足計算能力的組件，即便能耗再低，也無法進行支付交易或移動電話通信管理。

　　這時，金普斯再次成為本領域的先驅。從湯姆遜開始，我們就設計並做出了適用於微型計算機晶片的組件。後來，公司開發出應用程序的信息維度，以證明硬件能力與軟件一樣優秀。這尤

其要感謝我們的創始人之一吉勒·利希馬克，他被能力出眾、熱情積極的菲利普·馬埃斯挖掘。吉勒加入湯姆遜之前，曾在一家美國信息巨頭那裡學到了寶貴的專業知識。他開發了晶片操作系統（COS），這是管理晶片卡安全電子交易必不可少的操作系統。其工作原理類似手機和計算機系統，比如谷歌的安卓系統、蘋果的 iOS 系統以及微軟的 Windows 系統。當時，幾乎所有的手機和計算機使用的系統都來自美國，所有用戶都依賴於美國的技術，美國的技術統治了世界。但在普羅旺斯地區，我們完全獨立地構思和設計出了這樣一個隱藏在小小金色晶片電路中的系統。

在擁有法國電信這樣的長期客戶後，領域內的其他知名企業很快就加入了金普斯的客戶行列。比如媒體大亨默多克的國際新聞集團，這家公司控制着英國天空電視台及其從事計算機安全的以色列－英國子公司新聞數據網（以下簡稱「新聞數據網」）。

與法國 CANAL+ 頻道一樣，天空電視台計劃將加密數字收費電視帶到英國。他們知道，許多法國團隊正在努力研究這個問題。他們前往斯特拉斯堡實驗室，與湯姆遜的多媒體技術人員進行交流，其中包括法國人帕特里斯·佩雷和新加坡人蔡天逸，並從這兩位工程師口中得知，一個普羅旺斯地區艾克斯的小團隊正在開發他們夢寐以求的產品。

在一個天氣晴朗的早上，我接到一位名叫布魯斯·漢德馬克的人的來電。他是住在倫敦的澳大利亞人，自稱是澳大利亞人魯伯特·默多克的貼身顧問。很快，他就開始詢問有關金普斯的資

金能力和自主性問題，隨後就要求登門拜訪，同行人員包括新聞數據網的以色列信息安全專家，他負責開發天空電視台所需的系統。我欣然接受了這一請求，並提出在馬賽普羅旺斯機場附近的酒店安排一次見面。但是，我的客人堅持並希望見到「生產工具」。

這使得我們整個團隊都措手不及，艾克斯簡陋的臨時辦公場所、有限的可用物質資源，以及金普斯作為一家初創公司的實際情況，似乎都無法使潛在的客戶感到放心，更何況是這種規模在全球範圍內有影響力的客戶。

我們的內部裝飾極不協調，品類繁多，在一片毫無秩序的混亂環境中，沒有任何兩件家具可以成套。這些家具大多是湯姆遜的人幾週前離開時所廢棄的。最重要的是，這間改頭換面的會議室也只是一個狹窄的玻璃隔間，裡面放着一張仿製餐桌，周圍草草擺了些不成套的、搖晃的椅子。儲藏室的後壁靠着用作桌面的白色回收板。開會的時候，由於空間太過狹窄，參會者必須把密碼的數學方程式寫到相鄰的窗格上。

儘管物質條件有限，我們對以色列專家提問的回答似乎令他們滿意。當然，令他們滿意的還有之前特意為他們準備好的三明治。

第二天，布魯斯回到倫敦並與我聯繫，告訴我金普斯開發的產品在技術上完全符合他們的要求。不過，他們對公司的生產能力表示嚴重懷疑，認為我們的產品可能無法達到其標準。為此，他建議通過協議的方式將我們的技術轉讓給日本索尼公司，並且

表示有信心代表我們這家小公司與索尼進行談判。

我不假思索地表示反對，因為日本公司是我們早晚都要面對的潛在的激烈競爭對手。兩天後，布魯斯表示理解我的不情願，理解這種無法忍受把技術轉讓給日本公司的想法。所以這次他為我提供了更理想的合作夥伴——法國的斯倫貝謝。我的反應更加激烈了，我鄭重地告訴他，那正是我最危險的競爭對手。

為了打破僵局，我找到一個震驚所有人的特別解決方案。我們為甚麼不與英國新聞國際集團合資成立一家公司，創建一個生產單位，以保證定期進行技術更新呢？儘管兩家公司之間規模差距極大，但這位國際新聞巨頭對我們這家法國小公司的態度還是友好的。畢竟，距離推出天空電視台的時間所剩不多。最終，金普斯得到保證，英國新聞國際集團不會為了在任何一筆訂單中獲利而漏掉我們的公司。

天空電視台說幹就幹，馬上在蘇格蘭愛丁堡郊區的利文斯通找到一間全新的、裝備精良的無塵建築，工廠剛開始運營，他們就立即給金普斯下達了價值約 1 億法郎的 250 萬張卡片的訂單。金普斯立即訂購了必要的設備，得到了具有真才實學的工程師亨利·博齊亞的技術支持。隨後他與家人一起移居蘇格蘭，專門負責生產工作。

最終，在電子行業這一領域，加密數字電視成為第一種使用微處理器的載體，而在多年之後，銀行才決定使用這一技術，就連移動電話中使用的 SIM 卡也出現在銀行卡之前。早先，對於晶

片卡的「發明者」羅蘭‧莫雷諾來說,「將晶片應用到銀行卡上」是他的唯一信條,或者說至少他對晶片卡在其他方面的應用都持懷疑和猶豫的態度,但實際上,就連移動電話中 SIM 卡的應用也出現在晶片應用於銀行卡之前。

生意如火如荼,銷售流程迅速啟動,金普斯的銷售團隊環遊世界,宣傳我們的招牌產品。他們大多是來自商學院的青年商業工程師,通常具有企業國際志願者身份。這是法國在對外貿易方面的卓越制度,可以在一定條件下使法國公司能夠在境外完成科學、技術、商業範疇的任務。

成功接踵而至,不久之後,德國聯邦電信就將金普斯的產品用於他們的公用電話業務。這些卡片最初從法國進口,隨着業務量不斷增長,我們需要儘快着手在德國建工廠。斯圖加特附近的菲爾德施塔特工廠積極回應,最終被公司選定為新廠址。雖然已經有兩家德國本地的競爭對手佔領了市場,但由於法國產品出眾的質量水平、卓越的設計以及完美的服務,還是在德國廣受歡迎。德國人不習慣法國人的這種出色表現,無法相信法國人——尤其是那些每天曬太陽、搞副業的法國南方人——可以做成甚麼事並信守承諾。然而貼在卡片上的廣告倒是成為令人信服的依據,它們保證了我們豐厚的利潤。

此外,金普斯公司的生意在南美洲的擴張也勢不可當。法國電信和墨西哥電信公司與卡洛斯‧斯利姆(Carlos Slim)成立了合資企業,在墨西哥開拓版圖。卡洛斯‧斯利姆後來成為全球首富,

把比爾‧蓋茲甩在身後。雄心勃勃的金普斯打開了墨西哥市場，使其成為公司的第一大市場。多米諾骨牌效應隨即影響到了委內瑞拉、哥倫比亞、阿根廷和其他國家。

為了永恆的勝利！這句話似乎反映出貝特朗‧穆塞爾及其團隊的心態，他們如同現代麥哲倫，征服了這個大陸。

結識西班牙：探索新開拓的土地

1990 年，法國，羅訥河口省，熱姆諾

這天，如往常一樣，我在進辦公室之前路過我的得力助手克里斯汀的辦公室，只聽她喊道：

「馬克，一位叫特雷的先生打電話給你。他把號碼留下了，讓你給他回電。」

這對我來說沒甚麼稀奇的，每天我都有很多事情要忙，因而這條信息就被我忘在了腦後。克里斯汀一向認真，她提醒我不要忘記回電，並補充說這人一再堅持與我取得聯繫，甚至有些咄咄逼人。

於是我給馬克斯・特雷先生回了電話。

我想不明白這樣的人物為甚麼要聯繫我，也不理解這個意外來電的意圖。我知道他是一位 80 多歲的著名商人，與合夥人安德烈・埃塞爾一同創立了 Fnac（法國知名的文化產品和電器產品

零售商），並且擁有完美的家庭背景。從 18 歲起，他就加入青年社會主義者聯盟，20 歲成為列夫・托洛茨基的保鏢，並擁護其政治信念。在西班牙內戰期間，他還冒着生命危險參加戰鬥，並光榮負傷，展現出十足的勇氣。他在戰場上結識了安德烈・馬爾羅和歐內斯特・海明威。發家後，他退隱幕後，成為慷慨而有影響力的贊助人，在各領域如魚得水，與社會主義人士弗朗索瓦・密特朗、皮埃爾・貝雷戈瓦、羅傑－帕特里斯・佩拉特來往甚密。後來他和他的夥伴一起成為信奉共濟會宗旨的活躍分子。

馬克斯・特雷給我打電話時，正因身陷一樁政治金融醜聞，即佩希內事件，而重新成為眾人矚目的焦點。

這場神秘而意外的通話能為他帶來甚麼？

電話另一端，馬克斯・特雷沒有掩飾自己的怒氣，並立即「召喚」我第二天一早在巴黎榮軍院大草坪前的一間豪華公寓見面。一位親切的金髮女士接待了我，並提供了咖啡和小點心。隨即出現一個靈活的矮個子男人，閃着狡黠的目光，向我伸出手。這握手極富力量，對於他的年齡來說顯得相當驚人。很快，事情就明朗了。

「所以，拉敘斯先生，就是這樣，他們想要我們……我無意放任不管……但您知道這會遇到嚴重的麻煩嗎？」

我突然明白，為甚麼密特朗任期內的總理皮埃爾・貝雷戈瓦稱他為「威脅者馬克斯」，但我還是很難理解他為何如此憤怒。

「您會明白的，是和西班牙有關的事……您妨礙了我們的項

目……鑑於我們和西班牙達成的協議，我們會毫不猶豫地『清算』您和您的公司。」

於是我試圖回憶當時公司在西班牙採取的行動。的確，我十分了解西班牙這個國家，也特別喜歡西班牙的語言和音樂。我記得正是在西班牙，晶片卡行業博覽會結束的時候，西班牙皇家印鈔鑄幣廠的一位負責人曾聯繫過我。其實，這是一家西班牙國家貨幣機構，負責印製國內所有的信託文件、鈔票、護照、身份證、彩票和其他票據。公司負責人大概是需要我們的新技術。當時金普斯在這一領域已經享有很高的聲譽，我也很開心能親自與他們的董事長交流，沒想到我能與他們共事。

出於職業素養，我提議幫助他們與布爾戈斯的一家工廠建立合作關係，他們在那裡已有生產基地。布爾戈斯位於西班牙北部，聖地亞哥朝聖之路的重要文化中心，面向法國巴斯克地區，前往聖地亞哥－德孔波斯特拉古城的朝聖者通常從這裡經過。小時候和父母一起遊覽時，我非常喜歡這座城市壯麗的大教堂，對當地酒窖裡流淌的優質的里奧哈葡萄酒也很喜愛。

我與皇家鑄幣廠董事長的談判取得快速進展。更令我滿意的是，這家工廠可能意外解決了我們產能不足的問題。當時由於需求不斷增加，這個問題已經開始在熱姆諾顯現。通過與西班牙的合作我們還得到了西班牙國家為工廠提供的全部所需資金。由於西班牙市場仍處於起步階段，各家銀行在這個時期都謹慎參與進來，我知道如何利用這種額外的生產力發揮我們的優勢。因此，

皇家鑄幣廠董事長和西班牙政府都表現出很大的興趣，希望可以快速彌補西班牙在專業領域的落後。

但是我想不通，馬克斯·特雷提出的問題可能是甚麼。「拉敘斯先生，您肯定甚麼也沒聽懂，這完全是一項國家事務！」

我真的不明白，我怎麼會參與到一件西班牙和法國之間的國家事務中。

「嗯，我說的是 ETA，而不是 État（法語意為「國家」），您現在明白了嗎？」

儘管我來自巴斯克－貝阿恩地區，但我仍然不明白自己為甚麼會被牽涉到西班牙巴斯克恐怖組織的事情當中去。ETA 為「Euskadi Ta Askatasuna」的縮寫，在巴斯克語中意為「巴斯克祖國與自由」。這個武裝組織標榜自己「為巴斯克的獨立而戰」。其武裝鬥爭的歷史可以追溯到 20 世紀 60 年代，該恐怖組織經常在法國境內靠近邊界的地區設立基地，受害者眾多。儘管如此，他們的活動範圍似乎離我所住的普羅旺斯還很遠。

馬克斯·特雷作出了進一步解釋。應西班牙首相費利佩·岡薩雷斯的要求，西班牙和法國政府進行了秘密談判，弗朗索瓦·密特朗團隊同意在這個敏感問題上進行合作。更明確地說，法國將提供警察、後勤援助人員以及藏在法國的恐怖分子信息，來支持西班牙解決內部問題。西班牙則向法國提供金融和工業領域內的合作，包括承諾使用法國的技術建設高速鐵路，以及普及晶片卡的使用。

　　皇家鑄幣廠和金普斯的合作被叫停，因為法國政府當時已將金普斯的競爭對手 —— 布爾公司指定為義務合夥人。因此，他們要求我立即停止與西班牙皇家鑄幣廠商談的布爾戈斯工廠項目。作為熟悉西班牙語世界且經驗豐富的商人，馬克斯·特雷臨危受命，負責處理兩國之間與該項秘密協議有關的政治性工業往來。因此，金普斯別無他選。最終，我僅收到一次警告，並沒有付出其他代價。但這件事告訴我，當捲入「超國家因素」時，技術和經濟利益就會變得無足輕重。

　　馬克斯·特雷是一位真正精通商業的大師，他開始設想與我和金普斯合作的其他可能性。他非常了解晶片卡在他熟悉的領域裡的前景。他表示自己與前通信部長保羅·基耶斯很熟，並保持着良好的私人關係，他們的城堡挨着，而他們的關係確實很有趣。至於 Fnac，它已成為 GMF 集團的子公司，由雄心勃勃的商人讓-路易·貝特里亞經營，與母公司一道集結眾多重要成員，迅速成為晶片卡的使用者。

　　隨後我們在巴黎接連舉行的多場會議中見面，互相感謝。在人生暮年，馬克斯喜愛分享標誌着他非凡人生歷程的高光時刻的回憶。例如，參加西班牙內戰時，腿部中了兩顆子彈。他曾是法國抵抗運動的一員，除參與武裝活動之外，他還創辦了地下刊物。

　　他對電影和攝影很感興趣，一度考慮掌管百代（Pathé）電影公司，但「知情投機罪」又令他無法推進該想法。他告訴我，他對影視業的熱情源於幼兒園時期。法國因為盧米埃爾兄弟和百代

兄弟的發明，而在當時全球的影視業中發揮着主導作用。童年時期，馬克斯住在巴黎蒙馬特一棟別緻小樓的三層。「廁所在樓梯間。」他高興地說着，嘴唇掛着笑容，在榮軍院的高級公寓裡走來走去。

那間蒙馬特公寓附近恰好有一家電影製片廠。1918 年，好奇心促使只有 5 歲的馬克斯去製片廠的垃圾桶裡收集零碎的黑白膠片，他津津有味地把零碎的膠片拼起來，然後對着光看。從那時起，他開始對商業表現出一種早熟的敏感。他想了個辦法，就是將膠片上的圖像切下來，然後將其插入紙板做成的背襯中。用這種方法，他製作出來的可能是世界上第一張幻燈片！從這個「發明」開始，他就開始做「生意」。他年紀輕輕卻盤算着，為甚麼不把幻燈片賣給學校的朋友們呢？於是生意很快蓬勃發展，以致於有學生家長向校長告狀。他們不願意孩子的零用錢最終落入馬克斯的口袋裡。兒子被叫家長時，特雷夫人一頭霧水，她向校長道歉並說對兒子違反校規的舉動並不知情。由於擔心巨額罰款，急於證明這種商業活動不符合家規，她補充說：「校長先生，我們不是猶太人！」離開學校後，馬克斯告訴母親，校長本人就是猶太人。回想起當年母親臉上驚慌失措的表情，他仍然會哈哈大笑。

GMF 集團和 Fnac 主席讓－路易·貝特里亞隨後加入了會議。他在接管法國西南部的 ASSEDIC 公司之後，於 1987 年成為米歇爾·巴羅恩的接班人。巴羅恩的死頗有爭議，他在搭乘飛機飛越非洲國家時因飛機爆炸而喪生。馬克斯·特雷表示，就接班人來

說，他是「所有潛在候選人中最不危險的」。共濟會支部領導人資格也與此息息相關。貝特里亞並不安分，他很有野心，擅長花言巧語，非常熟悉娛樂圈，襯衫領子上永遠都有一個蝴蝶結，極易辨認。由於在米歇爾‧巴羅恩的失蹤案以及雷諾總裁喬治‧貝斯的謀殺案中，他曾受到懷疑，便養成出門只躲在深色玻璃的巨大奔馳裝甲車中、身邊總帶着兩名保鏢的習慣。

我和貝特里亞討論了晶片卡及其巨大優勢，特別是在保留公司客戶方面。討論過程中，我們竟發現曾在 20 世紀 50 年代的奧爾泰茲中學見過彼此。

當時，貝特里亞讀高三，我讀初二。我特別欽佩這位學校橄欖球隊後衛的優雅與能力。作為警察後代的貝特里亞和作為教師後代的我，當時在奧爾泰茲小鎮都算得上有頭有臉的人物。年輕的時候，我們曾同處在一片藍天下，未曾想過有一天命運會讓我們重逢……

儘管金普斯取得了成功，但就像讓－皮埃爾‧薩瓦雷曾暗示的那樣，我很清楚自己還沒真正進入上層的圈子。在巴黎知識分子眼中，我顯然只是個奧爾泰茲的「鄉巴佬」，無法融入這個階層，對各種託詞和暗箱操作一竅不通。因此，這次金普斯沒有從貝特里亞處獲得業務。我們的業務往來止步於此，因為讓－路易‧貝特里亞捲入了一場巨大的財務醜聞，我們的關係也徹底結束了。在這起醜聞中，他涉嫌對西印度群島聖馬丁島的荷蘭領土進行了可疑投資。1994 年他被迫辭職，兩年後被監禁，然後便被共

濟會除名。

　　皇家鑄幣廠和布爾公司在西班牙的工業項目沒有繼續推進，工廠也不會在布爾戈斯建立。與此相反，馬克斯·特雷向我引薦了著名的路易斯·羅丹。路易斯·羅丹是一名社會主義政治家，被任命為西班牙國民警衛隊隊長，他也是西班牙最年輕的州長。那時，手機正在西班牙興起，這可能是熱姆諾工廠所生產的晶片卡最有前途的出路。考慮到這一點，我們計劃在馬德里附近建立一個 SIM 卡個性化和分發中心，並在路易斯·羅丹的辦公地點開設一家金普斯分公司，由精通雙語的法國銷售人員經營。我的兄弟米歇爾·拉叙斯負責根據語言能力選拔最適合的人，他在尼斯附近索菲婭·安蒂波利斯的應用管理學教學研究中心當西班牙語老師，也是學校橄欖球隊的教練。

　　此外，在哈維爾·皮特羅的支持下，西班牙公共電話亭製造商 Amper 公司，也就是斯倫貝謝的競爭對手，成為拉丁美洲金普斯公用電話卡的重要合作夥伴。而在西班牙，公用電話市場尚未起步就直接由全球移動通信系統所取代。

　　最終，我們與路易斯·羅丹的合作戛然而止，因為他於 1994 年初因嚴重腐敗被起訴。此案導致費利佩·岡薩雷斯（Felipe González Márquez，曾任西班牙首相）的社會主義政府垮台，迫使羅丹流亡，我也不能再像以前那樣在聖誕節收到他寄來的裝着里奧哈美酒的包裹了。

　　漸漸地，我與馬克斯·特雷之間的關係也因他被牽扯進科佩

奇尼事件而日漸疏遠。他因從事內幕交易而被定罪，於 1993 年
9 月被判處兩年緩刑，並處以重罰。關於這個問題，他説：「這次
審判無聊透頂，但我⋯⋯」他微笑着向我暗示他在西班牙內戰期
間左腿上中的兩顆子彈。他起初被共濟會除名，後來又被恢復職
位，以表彰其參與西班牙內戰以及對法國左翼的財政支持。

　　他於 2009 年去世，享年 96 歲，擁有着異彩紛呈的人生。我
還可以分享他更多的高光時刻。我也體會到，自己曾經陪同過的
是一位多麼獨特又可愛的人物。

南美史詩：從格蘭德河到火地群島

1990 年，加勒比海

　　很快，國際化就成了金普斯重大的、戰略性的發展方針。我與合作夥伴們很快就產生了跨越國境線、從法國本土走出去、將影響範圍擴大至世界各地的抱負。

　　首先要做的就是為後續的發展尋找動力，當時我們與法國電信合作，在電話卡市場上實施的冒險計劃奇跡般地取得了成功，同時我們也在市場上佔有了一席之地。這時，就像火箭需要二級點火一樣，我們也要為公司補充新的能量，將公司的運行推至一個新的高度，甚至是將其送入最終的運行軌道。

　　我們最早在德國進行了試驗，用我們在法國時使用的方法，與德國聯邦電信合作，並取得了成功。當我們把目標轉向美洲大陸的時候，面臨的就是走出歐洲、登陸新的海岸線的問題了，因此要做的就更多了。但對於我們年輕的團隊來說，沒有甚麼是做

不到的。憑藉出口方面的經驗和滿腔熱忱，我們最終使得競爭對手黯然失色，並逐步取得了巨大的商業成功。

接下來就是拉丁美洲了。這一切都始於我在法屬瓜德羅普島皮特爾角租的一艘雙體小帆船，駕駛帆船是我的愛好之一。緊握舵柄，根據氣候條件調節帆的角度，統籌安排全體船員的工作，從而駕駛帆船順利進入港灣，就像管理一家公司一樣，還有甚麼比這更加令人着迷嗎？

我從瓜德羅普島出發，航行抵達旁邊的聖馬丁島 —— 這座島上已經有一家代理商負責在當地銷售我們公司的電話卡了。我尤其喜歡在這片海域航行，正因如此我才會在聖巴特島上偶然遇見正在尋找藥店的大航海家提圖安·拉馬祖。我還在馬提尼克島的法蘭西堡遇見了埃里克·塔巴利，這位世界航海界的傳奇人物當時正等着人家將他之前租好的汽車交給他，他讓妻子去跟當地人交涉，自己卻事不關己地在宿營地的板房裡耐心等候。1990 年，我還作為觀眾有幸見證了弗洛朗絲·阿爾托駕駛她的帆船「皮埃爾集團一號」，參加單人帆船橫渡大西洋比賽並最終順利抵達皮特爾角的港口。這是她第四次參加該項比賽，雖然這位航海家當時的健康狀況不容樂觀（在出發前她不顧醫囑，脫掉了幫她支撐受損脊柱的鋼背心），但她還是出乎所有人的預料，率先抵達了比賽航線的終點。儘管精疲力竭，但當弗洛朗絲回憶起那些必須克服的困難時，她還是表現得無所畏懼，並且宣稱：「這下他們沒甚麼好說的了，女人也可以做到，一切皆有可能！」

在聖馬丁島看到的一幕令我深受感動：沙灘上有些小孩向剛從遊輪上下來的遊客兜售金普斯公司的電話卡，這些珍貴的電話卡讓遊客只消拿出口袋裡的手機就能及時收到新聞消息。

1992 年，我在索菲婭‧安蒂波利斯科學園區的德州儀器公司遇見了一位名叫貝特朗‧穆塞爾的男人，我十分欣賞他的個人品德和專業素養，於是我邀請他以銷售部負責人的身份加入我們。1994 年，應法國電信要求，貝特朗‧穆塞爾出任拉美地區總監，當時法國電信正與剛剛被私有化的墨西哥電信公司一起，共同創辦合資企業，目的是共同入股卡洛斯‧斯利姆名下的集團。對於貝特朗而言，這是一次在未知世界中的飛躍，也是巨大滿足感的源泉。後來他向我坦言，自己對於金普斯公司派他到那邊執行這項任務感激不盡，這 10 年來他廢寢忘食地工作，也因此學到了很多。隨後他又用自嘲的語氣補充說：「我們甚麼都幹，也沒甚麼特別的目標，我們就是甚麼都想要，就像那隻『老兔子』一樣。」「老兔子」的說法出自一份向銷售部門工作人員展示的演示文稿，裡面有一則關於兔子的故事：老兔子向它的兒子傳授經驗，教它們如何滿足所有小雌兔的需求，小雌兔三三兩兩地散佈在一片田野裡，老兔子的兒子就緊緊地盯着月光下雌兔白色的小尾巴。

貝特朗還拜託我弟弟米歇爾‧拉敘斯幫他召集一支銷售工程師隊伍，其中相當一部分人來自索菲婭‧安蒂波利斯應用管理學教學研究中心。

我們的業務範圍很快就覆蓋到了聖馬丁島，並且必須滿足當

地經銷商日益增長的「胃口」。這些經銷商一聽到美國航空母艦靠岸的消息，一看到從航空母艦上下來的數以千計的美國海軍，就趕緊催我，讓我給他們加急發一批電話卡，最好第二天就全部交貨，這樣就可以讓他們抓住這個意外的商機：向美國海軍售賣電話卡，以便這些人在海上航行的日子裡也能給家人和女友打電話。很顯然，我們的經銷商夥伴習慣於在最後一刻下訂單，根本不考慮製作、發貨、開信用證等一系列流程所必需的那一個月的時間。

而貝特朗每次都能奇跡般地將這段時間壓縮至十幾天。

1991 年，我們公司的業務剛剛發展到委內瑞拉，當地的運營商 —— 委內瑞拉電信公司 —— 表示想要購買一批電話卡。該公司是美國獨立電話公司和西班牙電信公司的合資子公司。訂單很快就簽好了，貨也發了，但是在付款環節出了問題。當時委內瑞拉國內的經濟形勢並不穩定，再加上美國施壓，隨後出台的嚴格的外匯管制措施給發票的清償帶來了巨大的麻煩，未付款訂單數量大幅度增加。貝特朗·穆塞爾打起了十二分的精神來處理這個問題，那段時間他每個月都要乘飛機在他居住的墨西哥城和加拉加斯之間往返一次，幸運的是，他在加拉加斯有一些聯繫人，這些聯繫人對公司十分感激，因為不管怎麼說公司都給他們留了一口飯吃，因而他們一直為這份欠款奔走。這樣的情況一直持續了幾年，直到貝特朗的前同事於貝爾·吉羅某天突然打電話給他，告訴他兩百萬美元的未付款終於結清了。堅持不懈最終總會得到

回報的。

　　還有一件與委內瑞拉有關的事，那件事也書寫了金普斯公司歷史的新篇章。1999 年，烏戈‧查韋斯剛剛當選委內瑞拉總統。這位剛剛當選的總統在正式就職之前就決定訪問巴黎，拜會當時的法國總統雅克‧希拉克，並提出希望與當時是金普斯公司老闆的我見一面。當時我身在國外，不得不委託長子布魯諾代為會面，他也能説一口流利的西班牙語。那次會談的主題是推動一項關於電子身份證的計劃，這種身份證也能被當作選民證使用。

　　1992 年，公司征服的腳步踏上了阿根廷的土地，法國電信也參股了阿根廷電信公司。當時我們參與了一項名為「塔爾蘇德」的計劃，該計劃由退伍軍人里卡多‧卡瓦洛與其合夥人維克托‧泰亞里奧爾共同推進，旨在向駕駛證中植入一張電子識別晶片。該項計劃首先在門多薩省實行，隨後推廣至其他三個省份。貝特朗‧穆塞爾出席了晶片生產工廠的落成典禮，這座令貝特朗歎為觀止的工廠坐落在雄奇壯麗、白雪覆蓋的安第斯山脈腳下。落成典禮上，站在貝特朗身邊的是門多薩省長和前來為新工廠祝聖的門多薩主教。當主教一邊將聖水灑向工廠的機器，一邊念誦祝禱詞時，貝特朗不禁心想，這樣做或許真的可以保護機器免於故障。

　　1994 年，公司的業務拓展到了墨西哥，同以前一樣，我們還是通過法國電信與墨西哥電信的合資項目得到業務。我們在墨西哥的項目達到了前所未有的規模，這一規模不大不小剛好是法國的四倍。法國本土共有 9.5 萬座公用電話亭，而我們在墨西哥部

署的電話亭數量則達到了 40 萬座，市場規模可謂空前巨大。其實這種情況的出現有兩個原因，首先是因為當地的人口密度很高，其次是因為當地安裝有線電話的家庭所佔比例非常低。

　　我曾負責過摩托羅拉在瓜達拉哈拉的工廠，因此我對墨西哥十分了解。並且西班牙語對我來說也沒甚麼難度，我在位於法國西南部、與西班牙接壤的家鄉——貝阿恩學會了這門語言。在貝阿恩，英國人非常不討人喜歡，他們建高爾夫球場、破壞葡萄園，還在橄欖球賽中打敗我們。於是，自然而然的，貝阿恩人在很小的時候就被引導學習西班牙語。

　　墨西哥電信公司建造電話亭的任務由四家公司共同分擔，他們分別是莫奈特爾公司、斯倫貝謝公司、日本的安立公司和南非的塔爾卡公司。項目的現場管理由法國的凱捷諮詢公司負責。至於電話卡的供應商，毫無懸念，是金普斯公司。但不得不承認，我們遭遇了斯倫貝謝公司這個老對手強有力的競爭，而且這一仗並不好打。不過最終，我們還是以在當地另建新工廠為條件得到了最大的市場份額。此外，合同被續簽了十年這件事還被懷疑成是「朋友之間的通融」，因為墨西哥 Carso 全球電信公司（又稱卡蘇集團）對腐敗行為十分警惕，並且管理層始終致力於根除所有行賄受賄的企圖。為此，卡蘇集團還刻板地按照規定，將我們已經獲得的市場份額重新投入競爭。卡蘇集團也就是我之前提到的，法國電信和墨西哥電信共同入股的卡洛斯·斯利姆名下的集團，卡洛斯·斯利姆的侄子埃克托爾也在集團中工作。

　　貝特朗·穆塞爾於 1994 年 5 月和全家一起移居墨西哥城，等工廠建好以後，電話卡就可以投入生產了。在一次去墨西哥城的時候，有人把我和貝特朗介紹給了莫雷洛斯州的州長，他還安排我們乘坐直升機在當地上空轉了一圈，目的是為我們的新工廠選址。作為對我們在他們國家進行投資的回報，墨西哥方面與我們進行對接的人都不遺餘力地款待我們這些外國投資者，最終我們的新廠址選在了庫埃納瓦卡市。

　　然而 12 月 17 日，沉睡了 70 年的波波卡特佩特火山開始噴發，幾乎同時，墨西哥的金融市場也經歷了前所未有的黑暗時期。我們將這一時期戲稱為「龍舌蘭」時期，國家經濟整體遭受了直接影響，時任墨西哥經濟部長的海梅·塞拉·普切採取了嚴厲的措施以阻止比索暴跌，當時比索的貶值率高達 70% 以上。國家很快陷入了破產的境地，一些外國投資者立刻頭也不回地離開了墨西哥，率先撤資的就是美國人。

　　出乎所有人意料的是，聖誕節前的某一天，有個男人發表公開講話並鄭重宣佈：「我在墨西哥投資的所有項目都將繼續實施，甚至還要加速實施，包括建設公共電話系統的項目。」這個人便是墨西哥電信公司的老闆、2008 年 7 月被《福布斯》雜誌評選為世界首富的卡洛斯·斯利姆。正如我們所知，在他之前的世界首富是比爾·蓋茨。就這樣，我們在墨西哥的工作得以持續進行。這次危機發生在貝特朗和他的家人抵達墨西哥城差不多 6 個月後，當時有段時間他們都以為自己不得不捲鋪蓋走人了，但卡

洛斯·斯利姆的表態使得貝特朗一家得以繼續他們在墨西哥城的「冒險」。實際上，他們最終在那裡住了 10 年。

從那時起公司的營業額開始暴增，墨西哥市場超過法國和德國銷售市場，成為世界上最大的電話卡銷售市場。2000 年的時候，法國市場上銷售的電話卡甚至都來自我們設在庫埃納瓦卡市的工廠。

有一次我到紐約出差，想要順便去一趟墨西哥，見一見卡洛斯·斯利姆。敲定了會面時間之後，那天早上我在紐約中央公園的林蔭道上最後跑了一次步（我非常喜歡這種鍛煉方式），之後就直奔甘迺迪機場，前往墨西哥，趕赴下午 5 點鐘的約會。到了墨西哥城之後，貝特朗到機場接機，我們直接去了金普斯公司的辦公室，對面就是卡洛斯·斯利姆的住宅。他的住宅由於森嚴的保衛措施而被戲稱為「地堡」。去他家，只需要穿過帕爾馬斯大道。由於時間安排比較緊張，我們沒過多久就出發前往斯利姆家了。我甚至沒時間吃點東西恢復體力，而且，離開紐約後我就沒怎麼吃東西，所以當時我已經餓得前胸貼後背了。

接待我們的是斯利姆的妻子，她給我們端來了果汁，請我們稍稍等候一下她的丈夫。這杯果汁加劇了我本就嚴重的飢餓感。更糟糕的是，我當時並不知道我們要一直等到下午 6 點才能與斯利姆見面。

那場談話最終由斯利姆主導，他甚麼都想了解，從金普斯公司可能的上市計劃到移動電話新技術，即當時已經開始在歐洲應

用的 GSM。緊接着，他開始圍繞他在建築和金融方面的興趣發表無休止的長篇大論，他說他計劃翻新墨西哥城的市中心。至於金融方面，他經常提及他取得的財富要歸功於他逆週期投資的能力，就像腓尼基人擅長將敵人拋棄的領土據為己有。

最好的機會往往都出現在不景氣的時候，出現在大多數投資者放棄市場的時候，而這種時候恰恰就是卡洛斯·斯利姆能夠從中獲取暴利的時候。

晚上 8 點的時候，我以為該去吃晚飯了，結果我聽到斯利姆向我們提議去參觀他的庫庫爾科廣場博物館，那裡藏有羅丹的作品，其重要性僅次於收藏在法國盧浮宮的羅丹作品。我們不得不等他最後一個女兒也到了才坐上前往博物館的車。斯利姆親自開車，派頭十足，似乎也沒有採取甚麼特別的保護措施，我們到博物館的時候都已經是晚上 10 點了，在這種情況下博物館不得不重新開門。所有的燈都被重新打開了，為的是讓我們好好欣賞臀部飽滿、圓胖豐腴、端坐於數不清的其他雕像中央的維納斯。直到將近半夜，卡洛斯才終於發話：「馬克，或許你們都有些餓了吧！」這句話讓我在就快餓昏過去的當口，看到了希望。於是我們這支小隊伍前往不遠處的一家餐廳，他們把已經下班了的餐廳主管臨時叫回來，餐廳在午夜重新開門營業。此外那天沒再發生甚麼事情，我點了一份澆了龍舌蘭酒的辣醬玉米餡餅，美味多汁的菜餚緩解了我的痛苦，最終吃飽並回到酒店房間以後，我累得倒頭便睡。

　　貝特朗・穆塞爾在此後還有更多機會繼續與這位電信巨頭，以及他的兒子們和他的侄子埃克托爾打交道，埃克托爾辭藻華麗但並不好懂的語言給各種價格談判帶來了不少困難。

　　在美國電話電報公司決定放棄當時被廣泛使用的時分多址技術（TDMA）之後，墨西哥電信公司引進新的無線電話系統的決定便遇到了問題。當時卡洛斯・斯利姆面臨兩種選擇，要麼採用美國高通公司提供的碼分多址技術（CDMA），要麼採用 1991 年剛剛在芬蘭問世的全球移動通信系統。從理論上看，碼分多址技術似乎更具優勢，這種技術一開始是為軍事應用設計的，功能更優，網絡更穩定，覆蓋範圍更廣。而全球移動通信系統的特點則是要使用大家都熟悉的用戶身份模塊，即 SIM 卡。如果斯利姆選擇了這種方案，對於金普斯公司來說將會是利好消息。一開始，法國電信試圖以一種缺乏說服力的愚蠢方式維護本國公司的利益。貝特朗・穆塞爾覺得此事起步不利，因此當斯利姆指出，大家在這件事情上猶豫不決、含糊其詞的時間已經夠久了，應該選擇最終方案的時候，貝特朗已經作好準備接受最壞的情況了。斯利姆用演示文稿展示了一張圖表，圖表分別展示了使用全球移動通信系統的諾基亞和使用碼分多址技術的摩托羅拉的銷售曲線。最終他宣佈，他的選擇是全球移動通信系統，因為他並不打算只滿足市場 10% 的需求。這一決定令在場的所有人都感到驚訝。斯利姆不是一個給點麵包碎屑就能滿足的人，對他來說市場容量勝過其他一切考量，並且他的目標是最終搶佔這一領域 50% 以上的

市場份額。從此貝特朗更加勇往直前，他知道剛剛發生的事情對我們這個發家於熱姆諾小鎮的新興企業來說是一次巨大的成功，並且將為我們贏得更加光明的未來。

　　還有一件事情也發生在墨西哥。北美自由貿易協議簽署後，美國與墨西哥邊境的開放催生了一系列非法買賣，因此就需要對當地車輛進行登記編目。貝特朗當時的工作就是推動一項與此目的相關的計劃。這筆新生意將涉及當地 1500 萬台車輛。金普斯公司也參與了競標，並和德勤諮詢公司一道，向墨西哥負責國家現代化的商務和工業發展部提交了一份方案。該方案基於生物統計學，在智能晶片中整合了車輛所有者的指紋信息。貝特朗前往華盛頓，說服了美國的合作夥伴，在提議被採納以後，他便開始着手部署。為此他專門創建了一家聯營企業，聘請了一位墨西哥人來經營管理，因為計劃得以執行的必要條件是公司的大多數股權必須要掌握在本國人手中。管理公司的墨西哥人名叫亨利·西諾雷，出生於法國巴爾瑟洛內特的一個家庭，他們家像其他很多想要去拉丁美洲碰碰運氣的家庭一樣移民到了墨西哥。通過亨利·西諾雷，我們重新聯繫上了推進「塔爾蘇德計劃」的一些阿根廷人，在門多薩省推行電子識別晶片駕駛證計劃的時候，我們就和他們打過交道。金普斯公司持股 20%，並且參與首批身份認證車輛的管理工作。計劃很快就取得了成功，在當地提供了 800個就業崗位，業務很快進入正軌。每天的黃金時段，我們還在墨西哥電視台播放廣告，這一舉動大大推進了項目的進展。隨後，

兩百多萬張帶有整合晶片的身份證件由法國非接觸晶片供應商
Inside Contactless 公司負責生產，該公司由一位金普斯公司前任
員工創建。

對整個拉丁美洲市場的開拓，尤其是從墨西哥開始的征服，
為金普斯公司在國際上的成功提供了強有力的支點，也是對公司
的成功來說至關重要的一步。

這一切無疑要歸功於貝特朗・穆塞爾領導的整個團隊，歸功
於他們通過墨西哥工廠在當地市場採取的主動戰略，歸功於面向
世界各國的銷售部門，以及表現出色且專一的經銷商網絡。

灰色地帶：警惕危險線

1990 年，沙特阿拉伯，利雅得

我們在西班牙的經歷表明，一旦某一政治動機摻雜了經濟方面的考量，就幾乎無法避免地產生腐敗。

我發現自己如今身處一個全新的世界，而且在這個世界裡我還經常打頭陣，單槍匹馬，毫無庇護。這樣的環境十分不友好，並且與我在過去的雇主摩托羅拉、馬特拉和湯姆遜那裡見識過的環境完全不一樣。這些公司都有具備專業能力和豐富經驗的專門團隊負責處理各種情況，他們會完美地解決所有問題，包括向牽涉其中的各中間方支付可能發生的費用。

在這樣的世界裡，我的態度就是堅決不與那些出爾反爾、反覆無常之輩有任何瓜葛，假裝搞不懂他們在桌子底下做的小動作、小暗示。正是出於這種原因，我結束了和阿拉伯聯合酋長國的一些不規範代理商的合作，他們可不是行得端坐得正的那種

人。這些人整日與當地主要電信運營商的採購主管混跡在一起賭博，結果代理商「不知怎麼的」就贏了幾輛豪車。作為交換，當採購主管購買電話卡時，代理商就給他們提供優惠。他們贏到的就是那種經常被擺在大型購物中心或者候機大廳裡的車。實際上這些車只是誘餌，引誘人們就算毫無獲勝的希望，也要在各種博彩遊戲中投下更大的賭注。

我還經歷過一件事，當時我的競爭對手想要與我協商定價，被我嚴詞拒絕了。對我來說，競爭對手就是競爭對手，就要像打橄欖球賽一樣，毫不留情地、光明正大地與之抗衡。不然當年輕的銷售人員發現，自己為了談成生意付出的全部心血不過是白費力氣，就像擲了一顆事先被人動過手腳的骰子時，我們公司的信譽還怎麼建立得起來呢？

還有一件事情發生在 20 世紀 90 年代初，當時我前往土耳其，與後來的土耳其總理會談。與我一同前往的是一位法國合作夥伴，他發明了一台使用了我們公司智能晶片的電子投票機。當時未來的土耳其總理對我們的產品表現出了極大的興趣，並對產品帶來的好處深信不疑。他對我們採用的說法是，由於國家領土的東西跨度太大，而且有許多偏遠地區，所以從前收集選票通常要花掉一個星期的時間，而有了這項發明，整理投票結果可能只需要幾個小時的時間。接著他突然換成母語，對他旁邊的人說：「而且這樣我們就能想辦法宣佈對我們有利的結果了！再也不需要去搞定那些塞得滿滿當當的投票箱了。」在這種情況下儘管市

場利潤非常可觀，我也不打算把東西賣給他們，幫助他們去做這種事。

還是在 20 世紀 90 年代初，金普斯公司在沙特阿拉伯的利雅得建了一座工廠，與當地商會會長名下的一家公司合作，共同生產銀行卡。有一次我被帶到國家安全部長的辦公室，向他展示我們的一款產品。這款產品有點類似微型手提電視，是我們和新聞數據網聯合開發的，在這個小電視裡插有一張微型計算機晶片，晶片上儲存集成了大量可以通過屏幕讀取的信息和圖片。我花了好長時間向安全部長解釋，圖片是存儲在晶片裡的，這台機器不只是簡單地把印在卡片上的圖片用屏幕投影出來。最後，我不得不拿出一張表面上沒有任何痕跡的空白卡片進行展示，才讓他相信，圖像是真的存儲在晶片裡面的。

這時，這一實打實的新發現讓安全部長的眼睛一下子亮了起來。他說在他們國家，女性的面部照片絕對不能被印到任何一份文件上。因此這種不需要真的把照片印上去就能讀取到照片的卡片簡直是解決沙特阿拉伯女性身份管理問題的絕佳辦法。這樣女警就能使用這種沒有任何圖像的文件來管理女性的身份信息了。然後為了不讓我聽懂，他又用阿拉伯語補充說：「這樣我們那些帶着四個女人出國，又換了四個女人帶回來的不老實的同胞就再也不能使用這種伎倆了。」這可真是智能晶片令人意想不到的用處啊！

至於把可存儲的重要圖像和數據儲到晶片裡這一點，法國

可並不落後。這一次我受邀參加的，是一個由衛生領域的專家在法國召開的會議，目的是探討技術革新。但我很不情願參加這次會議，因為各種委員會、機構組織聯合起來嘗試確定未來法國的健康卡樣式已經有很多年了，他們儘可能地利用一切國家可能從中受益的先進技術，然而卻一直沒有取得令人信服的結果。各行各業的工會（天曉得到底有多少個工會）、國家代表、保險代表、信息和自由委員會的代表，甚至還有其他各種組織的代表坐在一起，花時間討論、反對、推諉，除了在最後決定推廣醫保卡制度外，幾乎甚麼決定都沒做出來。實際上這個「醫保卡」項目只不過是這個了不起的全體大會的「最小公分母」，只是滿足了所有人最低要求的一個解決辦法。這張卡片僅記錄了極少的信息，並且幾乎沒有任何信息安全保障，也沒有任何防火牆系統。因此在緊急情況下，根本不能指望通過這張卡片讀取持卡者的醫學影像和其他關鍵信息，更不可能指望這張卡片挽救生命或節約檢查成本。而且卡片中也沒有記錄關於持卡者的過敏史及禁忌情況等信息。總而言之，這張卡根本不可能成為一張可以在診所或醫院及時更新患者信息的電子病歷。實際上這張卡沒有任何新功能，其中記載的信息甚至比不上一張身份證。法國衛生部長菲利普·杜斯特·布拉齊後來甚至不得不要求在醫保卡上加上一張照片，以防止盜用。這張卡本來可以添加那麼多的功能，卻因為無休止的拖延全都沒有實現，多可惜啊！就連像斯洛文尼亞和阿曼那樣的小國家都知道要和金普斯公司合作開發更高效的產品。

　　我忍無可忍地對大會成員說了實話。我對他們說，在法國，就連小貓、小狗都能比我們的同胞得到更好的治療和後續跟進服務，這就是嚴酷的事實。由於出言不遜和直言不諱，我在日後經常受到教訓，但沒辦法，這種性格是一種比我本身更強大的東西，鐫刻在我那屬於巴斯克－貝阿恩人的基因裡，我們永遠學不會「明哲保身」，這也是我們那個地方的人身上最顯著的性格特徵。至於醫保卡，在 20 多年後也確實取得了一點進步，不過這只是因為 20 多年後醫生的辦公室裡都配備了一台聯網的電腦，這在人們都在使用功能單一的電話上網的時代顯然是不可能做到的。儘管晶片卡的發展非常迅速，但在這個領域裡，沒有甚麼是理所當然的。比方說在金普斯公司剛剛成立兩年的時候，國際新聞集團旗下的英國付費電視頻道運營商 —— 天空電視台數字頻道，拒絕支付一張價值 4300 萬法郎的發票，那時年輕的金普斯公司很有可能就此破產，這對於當時還只不過是一家初創企業的金普斯公司來說，可謂一場金融災難。

　　這場嚴重的事故我之前提起過，不過這裡還是值得展開說一下，以便讓大家了解事情的始末。幸運的是，金普斯團隊的成員最終憑藉他們的專業技能和法律嚴謹性證實了這是一場徹頭徹尾的騙局，始作俑者是新聞數據網的人，這家公司屬於魯伯特‧默多克的國際新聞集團。這場騙局的關鍵角色是住在特拉維夫—雅法的惡棍 —— 邁克爾‧克林傑。當時他因為通過自己主營激光設備業務的公司欺詐美國政府而被取消了居留權。隨後他又因在

銷售電話卡時舞弊而被英國司法機關起訴，並通報給國際刑警組織。他的罪名是偽造購買電話卡的成本並將所得資金轉移至多個「避稅天堂」。

克林傑的履歷可謂劣跡斑斑。1951 年他出生於一個匈牙利猶太家庭，後來成為美國公民，此後多次假藉以色列或英國公民的身份四處行騙，他也曾用過科尼柳斯‧克林傑這個名字，或克林傑－卡佩柳克這個姓氏，後者是他第二任妻子的小女兒的姓氏。在逃往以色列之前，他也曾在瑞士聖莫里茨居住過一段時間。

其實，20 世紀 70 年代，克林傑的職業生涯剛開始的時候，他做的事情十分體面，當時他是一名銀行家。後來他涉足醫療領域，開辦了一家主營醫用激光器械的公司 —— 遠藤激光股份有限公司。很快，他的公司因涉嫌違反會計準則而受到美國證券交易委員會的調查。克林傑還被發現以偽造流水的方式虛假擴大營業額。他被處以 81 萬美元的罰款，隨後出逃。但針對他的司法訴訟並沒有到此為止，1990 年，受騙的投資者以偽造虛假信息和舞弊的罪名向他提起集體訴訟。

紐約法院再次對他作出判決，其中一位法官表示：「儘管有國際刑警組織的介入，以色列當局仍未對法院的引渡請求作出回應，克林傑仍未受到應有的懲罰。」

同時還發生了一個小插曲，這一插曲使克林傑與以色列發明家阿迪‧沙米爾教授變得勢不兩立。阿迪‧沙米爾曾發明了一套加密算法，旨在控制衛星轉播頻道的訪問權。當時克林傑與沙米

爾的魏茲曼科學研究所，以及布魯斯‧漢德馬克創辦的一家專門為其灰色交易掩人耳目的名為 IDG 的公司合作，創辦了一家合資企業，其中布魯斯‧漢德馬克是魯伯特‧默多克在澳大利亞的合作夥伴。這幾個人之間的關係迅速惡化，他們開始互相指責對方舞弊和挪用公款。

克林傑故技重施，他虛開發票，然後迅速將非法所得轉移至海外賬戶。1995 年，他最後一次在同夥梅爾‧馬塔蒂亞胡的幫助下，通過菲利普‧莫里斯國際公司（Philip Morris International，當今世界上第一大煙草公司）、US3 公司、衛星系統催化公司和鳳凰城數據加密公司四家公司，將資本轉移出境。晶片卡的價格翻了三倍，國際新聞集團的一位法律主管說，這一事件至少給集團造成了 1900 萬美元的損失。

克林傑仍舊為自己辯護，包括以色列當局以偷稅為由起訴他的時候，不過他還是承認了部分侵吞公款的行為。作為證據，調查人員在其海外公司名下找到了價值約 400 萬美元的藝術收藏品。

幸好金普斯公司的工程師證明了，克林傑用於解碼的晶片卡甚至都沒有裝載加密算法，而新聞數據網卻為這些半成品晶片卡支付了高達 1.5 英鎊 / 張的費用。說到這裡，到底誰才是真正的流氓，大家都已心知肚明了。

現在讓我們回到最開始，也就是金普斯公司通過國際新聞集團的子公司天空電視台數字頻道和新聞數據網建立聯繫的時候。1988 年，金普斯公司還是一個剛起步的年輕企業，我們的業務始

於從法國電信那裡分到的電話卡市場。在萊茵河彼岸的業務也與之類似，根據與德國聯邦電信簽訂的協議，作為分享市場的等價交換，我們在斯圖加特近郊的菲爾德施塔特建了一座工廠。當時的公司已步入正軌，並且邁出了走向世界的第一步。

德國工廠的必要設施都是從我們設在蘇格蘭愛丁堡附近的利文斯通的工廠裡直接運過來的，這家工廠是和國際新聞集團合資創辦的，屬於媒體大亨魯伯特·默多克。

這家工廠被用來生產可以訪問天空電視台數字頻道的解密卡，使用的是當時法國 CANAL+ 已經在使用的方法。然而出乎所有人意料的是，一場重大的事故終止了這項計劃。新聞數據網負責在金普斯公司提供的晶片卡上添加加密算法。但很快，在收到第一批貨以後，他們就以所謂的「質量不達標」為由，警告並唆使天空電視台數字頻道拒絕支付購買 200 萬張晶片卡的 4300 萬法郎。金普斯公司被勒令對此事作出解釋，公司高管立刻被傳喚至倫敦一家負責維護默多克集團利益的大型律師事務所。

除了順從前往以外，我別無他法，甚至都沒來得及事先準備我們的辯護。事實上這次事件所涉金額十分龐大，未付款項嚴重威脅到了我們這家初創公司的生存。對於此事，我們其實可以作出無可辯駁的回應。我們其實也可以收回一部分發給天空電視台數字頻道的晶片卡。經過一番考察，我們驚訝地發現該公司的以色列人絲毫沒有介入此事。這一發現表明，此事是一場徹頭徹尾的詐騙行為，尤其是我們已經知道，他們曾經有過以 1.5 英鎊 / 張

的價格出賣半成品晶片卡的前科！

與我一同前往的，有湯姆遜無線電公司的法律顧問、提供晶片卡的蘇格蘭工廠負責人亨利·博齊亞和法國國立高等工藝學院畢業的年輕工程師雅克·塞內卡。雅克才華橫溢，總是十分出色地完成工作。我們一到律師事務所，我和我的法律顧問就受到了連珠炮似的指控，這些指控懷疑我們交付的產品有質量問題。律師們說，他們的顧客覺得金普斯公司提供的是劣質商品，因此拒絕支付全部貨款。

金普斯的人一時間都驚訝極了，甚至不知道該如何反駁。後來鑑定結果出來了，結果顯示責任在新聞數據網一方。英國的律師們一下子愣住了，他們聚在一起交頭接耳，明顯坐不住了，之後他們要求暫停會議。最後他們到房間裡來通知我們，他們需要一個星期的時間調查這些新出現的證據。

一週後，一切都塵埃落定了，金普斯公司將收到全部貨款，但是作為條件，他們要求金普斯公司終止與他們的客戶 —— 國際新聞集團以合資企業形式達成的全部合作。生產晶片卡的設備也必須被全部撤走。

這場事故對金普斯造成的最直接的後果就是，撤走蘇格蘭利文斯通合資工廠的設備，然後將這些設備全部轉移到位於德國菲爾德施塔特的金普斯公司自己的工廠中去，從而以最快的速度滿足為德國聯邦電信生產訂單的產品需要。

至於國際新聞集團，故事可謂一波三折。默多克毫不猶豫地

對其子公司新聞數據網提起了訴訟，要求對方賠償其利益損失。幾個涉事的關鍵角色之間的關係也變得緊張起來，新聞數據網的首席財務官一到特拉維夫就受到了以色列當局的監禁。

新聞數據網後來又被法國的電視運營商 CANAL+ 起訴。此次事件的主要角色是一位名叫奧利維爾·科莫林的德國黑客，他 1995 至 2000 年曾供職於新聞數據網，後來加入了 CANAL+ 的團隊，參與了該公司晶片卡項目的工作。他在這起案件中作為證人承認他之前公司的一名職員在互聯網上散佈了一組代碼，這組代碼能夠破壞訪問協議，幫助用戶免費收看收費電視頻道的內容。後來直到魯伯特·默多克同意以超過 8 億歐元的價格收購意大利天空衛視的一家虧損的子公司——意大利付費電視公司 Telepiu，這一事件才以撤銷訴訟而告終。

在金普斯和國際新聞集團剛開始的合作中，還有一個名叫布魯斯·漢德馬克的人，他和默多克一樣是澳大利亞人。當時這個投機商人試圖說服我在沙特阿拉伯建廠。他告訴我他在澳大利亞阿德萊德附近有一座大農場，接着在金普斯公司和新聞數據網發生衝突以後，他又跟我說，他發現有人用電動泵通過煙囪向他那座大農場的主建築裡倒滿了糞便，他懷疑是那些以色列人為了報復幹的。真是奇聞，不過金普斯和我自己都不打算理會這個圈子裡的事了。

商界風雨：一張被囫圇吞下的晶片卡

1992 年，法國，巴黎

有一次，我應法國石油巨頭埃爾夫集團及其董事長洛伊克·勒弗洛什－普里讓的邀請，在巴黎一間宴會廳會見了由烏茲別克斯坦總理帶領的重要代表團。烏茲別克斯坦擁有豐富的石油、天然氣和礦產資源，在蘇聯解體後他們力求實現出口業務多樣化，尤其是在能源領域。相應的，法國則試圖用特有的高新技術吸引對方的注意。

這裡面怎能少得了晶片卡呢！

我們被招待吃了一頓味道上佳的典型法餐，現場還有手風琴伴奏的法國傳統歌謠，引得法國人齊聲吟唱。不過來自烏茲別克斯坦的客人似乎對此沒有太大興趣，上好的紅酒和阿馬尼亞克燒酒無疑更符合他們的胃口。在隨後的談話中，我們了解到洛伊克·勒弗洛什－普里讓在上次訪問烏茲別克斯坦時依當地傳統生

吞了一隻羊眼。他吃完後還要求再來一個，這讓他在當地名聲大噪，因為這種事情似乎還是頭一回：其他西方客人都中斷用餐趕往廁所，以便吐出這道過分講究的佳餚。

一同出席晚宴的還有埃爾夫集團的重量級人物阿爾弗雷德·西爾旺，他在羅納－普朗克公司（Rhône-Poulenc，法國最大的化工公司）與洛伊克·勒弗洛什－普里讓共事時就是後者的得力幹將，後於 1989 年加入了埃爾夫集團。

阿爾弗雷德·西爾旺是條硬漢，也是一名孜孜不倦的冒險家。24 歲那年他參加了朝鮮戰爭，歸來時身上滿是勳章。他在那邊出了名，因為他趁日本休軍假時組織了日本史上第一起銀行搶劫活動。最後日本人釋放了他，讓他重返戰場作戰⋯⋯

他在埃爾夫集團負責處理敏感文件和員工薪酬發放。他在法國買下了一座城堡，在瑞士有許多銀行賬戶，還結識了許多「手眼通天」的人物。

由於他在法國的司法糾紛不斷增多，西爾旺決定和他菲律賓裔的女友逃往馬尼拉避難，就此逍遙法外，過上花天酒地的生活。但他犯下了一個致命的錯誤，最終在行經德國時，在法蘭克福機場被法國當局當場逮捕。德國發行量最大的日報《法蘭克福彙報》立刻就以大字號印出了頭版新聞：「在這名男子面前，全歐洲的政客都會戰慄。」在被捕前的最後一秒，他吞下了自己手機的 SIM 卡，以及卡上的一切秘密，包括姓名和電話號碼！報道中還配了兩張照片。

　　在第一張照片上，阿爾弗雷德·西爾旺在胸前舉着德國警察製作的標牌，上面寫着「阿爾弗雷德·西爾旺（法國逃犯），菲律賓國家調查局、國際刑警組織，2001-2-2」。

　　第二張照片上則是一張印有金普斯字樣的 SIM 卡。

　　看到這裡，我別提有多興奮了！這對金普斯來說可是再好不過的廣告，更重要的是，我曾與手下的一些工程師就是否要在晶片卡上印上公司標識的問題發生過爭執。當我提出用激光在晶片卡上刻印金普斯品牌標識的想法時，他們稱這在技術上難以實現，還以額外成本太高為理由表示反對。更令我高興的是，斯倫貝謝和其他競爭對手因公司名字太長而沒有足夠的空間將其刻到手機卡的小小金色晶片上。這是我們比起競爭對手來說又一項值得稱道的優勢。

　　報道沒有說明警察是怎樣取出西爾旺吞下的這枚電話卡的。不過，事實顯然已經證明了金普斯電話卡的可靠性：就像被藏在體內過境的毒品一樣，金普斯電話卡同樣在腸道內走了一圈而完好無損。我難以抑制自己興奮的心情，將這張照片貼在了我的辦公室裡。

　　阿爾弗雷德·西爾旺和他的「頭兒」最終因嚴重的貪污行為鋃鐺入獄。

資金需求：業務增長有賴資金的支持

1992 年 7 月，法國，羅訥河口省，熱姆諾

　　我為尋找新的市場而繼續滿世界奔走。這是一場真正的冒險，充滿着許多未知的因素，特別需要隨機應變的能力。事實上，我的潛在客戶對此所知甚少，因此我必須向他們詳細介紹晶片卡這款產品，包括產品背後隱含的技術及其無限的可能性。我對潛在客戶提出的各種類型的要求都會回覆，但不論我傾注了多少心血，也會時不時遭受一些不可避免的挫敗。不過，金普斯的列車已經開動並正在全速前進。

　　我清楚，為了更好地執行這一發展戰略，我們必須給公司打造足夠堅實的財務基礎。的確，雖說在國外投資建廠產生了可觀的利潤，但這還是對公司的賬目造成了越來越大的壓力。

德國巨頭匡特家族集團

1992 年 7 月，我們在熱姆諾接待了兩位分別來自巴黎和布魯塞爾的客人。我們約定在馬格德萊娜酒店見面，這是一幢很有特色的 18 世紀鄉間別墅，旁邊是一個有着百年歷史的公園。薰衣草和橄欖樹環抱着整幢別墅。四周一片寂靜，酒店餐廳則以精緻的普羅旺斯和地中海風味菜餚而聞名。我們的潛在客戶坐在有着百年樹齡的法國梧桐的樹蔭下，蟬鳴陣陣像是對夏天的到來歡欣不已。

我來這裡會見兩位想要見我的人：剛從巴黎高等師範學院畢業的年輕工程師馬呂亞尼和比利時銀行家 —— 斯卡爾貝-杜邦銀行的股東居伊-樊尚·德凱德雷爾。馬呂亞尼來向我介紹他極其重視的「直接命令」項目。他對新近出現的晶片卡非常感興趣，認為這在他計劃推出的交易平台中能派上大用場。他的想法是建立一個虛擬的「市場」，幫助公司管理他們從接單、物流到付款在內的全套交易流程。他打算使用數字化電話信息交互式媒體 Minitel[①] 實現這一功能，20 世紀 80 年代這項出色的法國技術可以說預示了之後出現的互聯網的模樣。為啟動這項業務，馬呂亞

---

① Minitel 被認為是互聯網出現前世界上最成功的線上服務，用戶通過電話線路訪問該服務，可以進行網上購物、預訂車票、搜索電話簿、網絡聊天等。Minitel 最早於 1978 年在法國布列塔尼地區試點推出，1982 年推廣至全法國，2012 年正式退役。

尼預計需要 60 萬法郎的初始投資。德凱德雷爾打算為其提供一半的資金，但在最終決定之前，他還希望聽聽我這名熟悉新興技術領域的企業家的意見。他同時希望我能為這名年輕的企業家提供必要的補充投資。

金普斯的工程師那時已經開發出了一款與 Minitel 配套使用的產品，這款名叫 Gemtel 盒子的讀卡器可以與 Minitel 連接，保障交易安全進行。我使用了一點心理定價策略的技巧，將該產品的價格定為 199 法郎，但暫時還未找到買家。法國電信的人似乎還不相信這款設備能派上多大的用場。但要是他們能想到 20 年後電子支付將成為電子商務新世界無法迴避的模式的話，就不會這麼認為了。還應當提起的是，法國電信那時正在開發 Minitel 的高端版本 Magis，該版本也計劃加入刷卡支付的接口。只是 Magis 不像已經投入使用的 600 萬台 Minitel 設備那樣免費提供給用戶，結果這款產品幾乎胎死腹中。

就餐期間兩位來客對我讚不絕口，甚至稱我是個不折不扣的天才。我被這些過譽之詞弄得頗感彆扭，但還是表示自己看好這位年輕工程師的新項目，認為它的前景十分廣闊。不過，儘管菜餚美味可口，談話對象優秀，交談氣氛熱烈且一直伴隨着這個時節的蟬鳴聲，我還是在席間透露出自己的擔憂。他們對我的擔憂感到好奇，問我具體擔心些甚麼。

「事實上，真正讓我感到憂心的，」我回答他們説，「是我的年輕公司被來自國外的競爭者超越，我和所有員工的努力付諸東

流。想想看行業巨頭們，特別是日本電氣、松下和三菱這幾家擁有強大實力的日本企業都已經發佈了自己的晶片卡樣品，而且美國人在創新方面，尤其是在電子交易領域的創新方面永遠不會甘於人後。」

值得慶幸的是，日本那時還沒有足以消化自家產品的國內市場，而在法國和德國，由於受益於本國電信運營商的需求，晶片卡的市場十分巨大。但我也很清楚這種情況很難一直持續下去。在尖端技術領域，技術更新日新月異。

然而美國人的情況暫時有所不同。他們仍然堅持使用磁條技術，認為使用晶片不會帶來甚麼價值。他們認為：美國幾乎不存在電信詐騙，因為任何企圖行騙的人都會受到嚴懲。他們為此感到自豪。

此外，我們很清楚的是，在臭名昭著的「非本國發明綜合徵」的影響下，美國人對任何沒有打上「美國製造」標籤的產品都持懷疑態度。他們會想：為甚麼要考慮使用一種由法國南部人民空想出來的技術呢？這些勇敢的「小矮人」最為著名的就是他們的懶散和《法國販毒網》系列影片。

然而，媒體後來習慣稱之為「金普斯事件」的劇情正是從這一時刻開始上演的。在意識到本國晶片卡行業的落後狀況和巨大的技術差距後，美國人選擇以不那麼正當的手段將這種技術據為己有，具體而言就是盜版和強行收購。正是從這些行為中，我們依稀看出德太投資集團後來使用的策略的雛形。我們將在本書後

面的章節討論這一悲劇性的事件。

　　那時，我的目標客戶是位於明尼蘇達州明尼阿波利斯的美國公司 Datacard。這家公司是磁條式支付卡編碼以及凸印壓製領域的全球領導者。磁條式支付卡在美國歷史上的使用非常普遍，而凸印壓製系統則能在卡片上以浮凸字體顯示卡號、有效期限和持有人姓名等信息。這也是印製複寫紙的必要工序，那時商店中還在使用這種古老的技術，還因此有了「熨熨斗」的俗稱。

　　我已經嘗試與該公司取得聯繫，以期在兩家企業之間建立合作夥伴關係。我們將結合彼此的技術，打開巨大而誘人的美國市場的大門。據我了解，他們的團隊正在研究晶片卡，以生產法國市場需要的特定機器。打開美國市場的想法讓我在幾年後受到了德太投資集團那蠱惑人心的言論的誘惑，他們十分擅長「彈奏」合我胃口的「爵士樂」……

　　不幸的是，我首次去 Datacard 公司進行現場訪問時就遭到了明顯的鄙視，被視為一名法國「二等公民」。當時，明尼阿波利斯市正遭受着前所未有的寒潮侵襲。溫度降至零下 40 攝氏度以下。在這種天氣條件下，機場必須採取極端措施。在我抵達後不久，即宣告關閉，飛機不再起降，居民被要求留在家中。汽車發動機要一刻不停地運轉，否則柴油就會凍成冰，發動機就再也無法發動了。我在旅館的房間裡看着電視，只見記者將一杯熱茶灑向空中，熱茶瞬間變成了冰霧。我正是在這種極地般的天氣裡走進了 Datacard 公司的辦公室。他們的首席執行官態度倨傲，我徹底受

到了鄙夷，他甚至不肯請我坐下來談話。不過需要說明一下，我的談話對象——這位首席執行官對人對己一視同仁，他自己正遭受背痛的困擾，習慣於站立工作。

我向這兩位客人講述着這段不幸的經歷。當他們聽到Datacard 公司的名字時，德凱德雷爾立刻擺脫了夏季酷熱引起的昏沉狀態，激動道：

「Datacard？可 Datacard 馬上要由匡特家族接手了。他們正在收購股權，掌控這家公司。」

「匡特？」我問道，「匡特是誰？」

德凱德雷爾告訴我，匡特家族是德國知名的工業世家，掌握着許多公司，寶馬汽車不過是其中一家。

「看來我得幫助您跟我的朋友哈索．馮．法爾肯豪森取得聯繫，」他跟我說，「這人是匡特家族的親信，也正是他在負責Datacard 的事務。我們曾在麥肯錫諮詢公司共事，一直保持着非常不錯的關係。我會和他聯繫，讓他和您見面。」

就這樣，六天後我接到了哈索．馮．法爾肯豪森的電話。他正在從法蘭克福飛往明尼阿波利斯的途中，他將在巴黎戴高樂機場停留，希望能夠在那裡同我見面。

在機場大廳裡，我見到了這名舉止高傲、穿着講究、作風剛健的男人。我們彼此作了簡單的自我介紹，然後他跟我介紹了正在進行的收購情況。他所代表的匡特集團已經持有美國惠爾豐公司 30% 的股份了，該公司在電子支付終端領域領先世界。目前，

他們意在入股 Datacard，接管這家公司的製卡業務以及在費城的工廠。他向我展示了用於完成收購而準備的將近 3000 頁的文件。

我則向他介紹了金普斯的業務活動。那時，我已經在思考下一步該採取怎樣的行動來擊敗行業巨頭，擴大我們對他們的優勢。為此，我需要新的想法，特別是需要結成聯盟，與合作夥伴協同發展，通過引入重量級合作夥伴的資本來鞏固我們的財務基礎。

之後，他將我們的談話內容轉達給了他的上司匡特家族。他已經看到了我們合作的潛力，這項合作可以鞏固我們各自的地位。

但這個匡特家族到底是甚麼來頭？匡特這個名字實際上並不為大眾所熟知，而這是有原因的。這家德國工業巨頭的小圈子信守審慎低調的原則。這個家族的繼承者紛紛避開了媒體和記者。背後原因何在？

為解釋這個問題，我們有必要向上追溯幾代人，從布料製造商埃米爾·匡特的兒子京特·匡特說起。

埃米爾·匡特生於一個製造航海纜繩的工匠家庭，娶了德雷格家的女兒為妻。他的岳父在勃蘭登堡州的德雷格兄弟布料廠生意興隆，將他引入了當地的資本家圈子。

正是在這種環境下，年輕的京特·匡特成長了起來，並找到了自己的道路。在接受了必要的職業培訓之後，他加入家族企業，開始了最初的任職。他的資產逐步增加，到第一次世界大戰前夕，他已先後擁有了德雷格兄弟布料廠和弗里德里希·保羅製

造商的不少股份，在公司中擔任最高職位。

戰爭開始後，他又管理了為德軍提供軍服布料的主要供應商帝國織物股份公司。戰後，他接受年輕的魏瑪共和國任命在經濟部任職，專門負責紡織業相關事務。

他的第一任妻子安東妮‧埃瓦爾德在為他生下兩個兒子赫爾穆特和赫伯特後，於 1918 年染上西班牙流感逝世。

1921 年，時年 40 歲的京特迎娶了比他小 21 歲的瑪格達‧貝倫德，後者很快生下了小哈拉爾德。

在兩次世界大戰之間，京特組建了自己的公司，將它與之前的公司合併為德雷格－保羅－韋格納手工工場。同時，他投資了鉀肥行業，最重要的是他還成為巨頭柏林－哈根蓄電池生產股份公司的最大股東，也就是今天歐洲最大的乾電池和蓄電池製造商瓦爾塔公司的前身。在那個戰火紛飛的年代，這家公司投身軍事領域，為各種軍用器械的生產提供電力，例如二戰期間，為坦克生產和著名的 U 型潛艇生產提供電力。

有必要解釋一下京特是怎樣控制這家公司的。他為儘可能擴大自身影響力進行了十分激烈的鬥爭。得益於政治靠山，京特成功地將萊昂‧拉瓦爾排擠出局，並搶走了後者岳父亨利‧圖多爾在盧森堡開創的事業 —— 圖多爾蓄電池公司。可憐的拉瓦爾被安上間諜罪名投入監獄，就此聲名狼籍，這就為機會主義者京特‧匡特敞開了大門。

京特的第二段婚姻於 1929 年宣告結束，之後瑪格達嫁給了

納粹分子、後來的宣傳部長約瑟夫‧戈培爾，後者同時收養了年輕的哈拉爾德。

阿道夫‧希特拉擔任了證婚人。這對夫婦與元首關係密切，聖誕節總是在希特拉於貝希特斯加登的「鷹巢」中度過。戈培爾直到最後一刻都始終陪伴在希特拉的身邊。1945 年 5 月 1 日，因德軍潰敗被困總理府地下室的戈培爾毒死了自己的六個孩子，隨後選擇自殺。報紙當時評論稱，他這樣做，是為了避免落入蘇聯人手中而遭受羞辱或被他們懲處。

瑪格達在首段婚姻中生下的哈拉爾德‧匡特在納粹德國空軍中擔任中尉，他曾被盟軍俘虜並成功逃脫，之後在利比亞的班加西再次被英國人俘虜。他的母親在自殺前寫信通知了他這一悲劇。她在信中向他吐露了真實情況：「因此，你可能是能夠維持家族血脈的最後一人。」

1933 年，剛剛出任總理一職的希特拉深知要想實現他的擴張主義目標，就必須依賴本國工業企業家的協作，因此同他們舉行了秘密會議，就像埃里克‧維亞爾在他那本曾獲 2017 年龔古爾文學獎的小説《議程》中描寫的 1933 年 2 月 20 日的會議那樣。

京特‧匡特受邀出席，以 2636406 的會員編號加入了納粹黨。他與納粹德國的聯繫日益密切起來，被授予了「軍工生產商」的稱號，該頭銜專門授予那些生產國防必需武器的工業企業家。

這群工業企業家非常慷慨地向德國國家社會主義工人黨（更通常的稱呼是「納粹黨」或「德國國家社會主義黨」）進行了多次

巨額捐款，在 1933 年 3 月 5 日魏瑪共和國舉行的德國聯邦選舉期間尤其如此。希特拉的「納粹黨」最終以 43.91% 的壓倒性優勢輕鬆取勝，由此獲得了建立獨裁政權所需的一切權力。

為了更好地說服這些重要人物（包括古斯塔夫‧克虜伯在內的一些人二話不說就捐了數以百萬計的德國馬克）捐款，希特拉呼籲結束政府以往羸弱的狀態，消除日益增長的共產主義威脅（共產主義勢力此後確實土崩瓦解），解散工會，以便讓每名老闆都能成為公司真正的「元首」。

後來，約翰娜‧匡特延續了支持德國當權者的這項傳統。約翰娜‧匡特是赫爾穆特‧科爾領導的德國基督教民主聯盟的堅定支持者，在 1998 年大選中為後者的競選活動捐贈了高達 1000 萬馬克的資金。

多種原因讓匡特家族在二戰期間取得了長足的發展。他們受益於為德國軍隊提供物資所簽訂的巨額合同。但最重要的是，集中營囚犯提供的幾近免費和取之不盡的勞動力為他們節省了大筆金錢，幫他們積累起了財富。工廠全速運轉需要大量的勞動力，而德國政府在這方面從不吝嗇，總是整車整車地向他們運送勞工。

同父異母的哈拉爾德和赫伯特兩兄弟開始與父親京特一起工作。赫伯特後來成了人事和生產主管，因此是他負責向納粹當局提出補充勞工的要求。

親歷者把這稱作十足的奴隸市場。工作條件惡劣到難以形容，人的尊嚴被徹底踐踏。在生產電池的過程中需要使用有害材

料，工廠沒有為此採取任何衛生或保護措施。

柏林－哈根蓄電池生產股份公司與黨衛軍[1]簽訂了一份有利的合同，合同計劃另闢土地建立與集中營相似的機構。這些機構共計收留過 1500 名囚犯，其中許多人喪命於此。數百名被監禁的猶太人在該集團的其他幾家工廠中遭遇了同樣可怕的命運。但這項交易被毫無顧慮且厚顏無恥地繼續了下來，因為合同規定，一旦有人死去，就會立即派人填補空缺⋯⋯

幸存者「希臘人塔基斯」描述了他在這裡經歷過的地獄般的生活，他們經常會遭到毫不留情的鞭打，他和同伴甚至因為缺少飲用水而不得不去喝抽水馬桶中的水。

今天，對匡特家族的後代來説，這段歷史已經被完全掩藏起來了。匡特家族沒有人覺得應該為此負責。他們完全拒斥任何承認罪行的想法，也不打算進行任何形式的賠償。遭受過嚴重的身體和心理傷害的受害者又受到了侮辱性的最後一擊。

實際上，京特在紐倫堡審判期間神奇地逃脱了法律的制裁。與此同時，其他工業家族，例如著名的大炮商克虜伯以及煤炭和鋼鐵領域的工業巨頭弗利克財團，則因其不良行徑被判有罪並鋃鐺入獄，他們的工業資產也被沒收，主要交由德意志銀行接管。

究竟發生了甚麼，才讓京特得以逍遙法外？總檢察長本傑明・費倫茨在他主持的審判中，對京特提出了如下指控：

---

[1] 黨衛軍是德國納粹黨中用於執行治安勤務的編制之一。

　　—— 侵佔他人財產罪

　　—— 危害人類罪

　　—— 共謀虐待罪

　　然而，京特‧匡特被認為只不過是納粹分子的「同情者」，因此他成功地為自己洗刷了罪名。

　　一系列事件促成了這種結果。首先，證據從未被移交給法院。因此，京特自認處境安全，毫不猶豫地為自己辯護，甚至將自己定位成了受害者。而他的保護人為阻止檢察官進一步展開調查而給後者安上了所謂的同性戀罪名，將檢察官排除在審判之外。

　　無論對他的指責有多麼嚴重，在經濟利益面前，一切都顯得微不足道。同盟國惦記起了德國可以為己所用的工業資本。他們將工廠視作戰利品，將其徵用來服務於自己的利益。英國授權重開這些工廠。匡特家族的產業自然不可能被繞過，自此再也沒人能動得了他們了。

　　一名可靠的外國情報人士後來告訴我，京特得到豁免是因為CIA打算利用他在民主德國寶貴的聯絡網。但最重要的是，他手下製造 V-2 導彈等的科學家已經逃到了埃及，正在為賈邁勒‧阿卜杜勒‧納賽爾效力，他們正在建立一座足以威脅鄰國以色列的軍火庫。

　　就這樣，原則與良心被拋卻，訴訟被束之高閣，赫伯特得以接管公司，京特則退居幕後安享晚年，直到 1954 年 12 月 30 日，他在開羅意外去世。2010-2011 年，我前面提到過的德太投資集

團的聯合創始人龐德文（David Bonderman）正是在這座城市離奇地拜訪了穆斯林兄弟會（以下簡稱穆兄會）的代表海拉特‧沙特爾。實際上，穆兄會的真正目的在於掌控國家政權，為此不惜採取一切手段，包括與以色列保持非正式往來，與有影響力的美國商人開展合作，以及對伊斯蘭法規進行少許調整。他們希望表現得寬厚，幫助穆罕默德‧穆爾西擺脫經濟不景氣的困境，並幫助他鞏固權力。

匡特家族在二戰期間大發戰爭橫財，積攢起的這些財富幫助他們收購了梅賽德斯－奔馳的部分股份。在意識到獲得公司控制權並不容易後，他們轉向寶馬，於 20 世紀 60 年代前後完成了收購。今天他們仍是寶馬最大的股東，持有近一半的股權。

由於擁有在汽車領域的資產，以及在化工、房地產和珠寶行業的其他資產，匡特家族曾位列《福布斯》全球富豪榜第 77 位。

1982 年赫伯特去世後，他的第三任妻子約翰娜掌管了這個業已建立起來的帝國。

約翰娜孤僻、勤勉、審慎，住在巴特洪堡防禦嚴密的別墅中。她的財富引來了其他人的垂涎。1978 年，一個由 14 名累犯組成的團夥綁架了她和女兒蘇珊娜‧克拉騰，並索要約合將近 1 億法郎的贖金。打那以後，蘇珊娜和她的弟弟斯特凡就一直在兩支保鏢團隊的保護下生活。

正是他們在 1997 年 5 月接管了家族企業，並在親信哈索‧馮‧法爾肯豪森的推薦下決定收購金普斯 20% 的股份。為此，匡

特家族一方面注入了資金，另一方面向我們轉讓了 Datacard 的晶片卡業務，包括轉交位於美國費城附近的一座工廠。

我的夢想會成真嗎？現在金普斯的一隻腳踏上了美國的土地。我的夢想將要成真！我不再關心匡特家族的過去。

匡特家族有四位代表特別勤勉地參與金普斯的董事會，包括斯特凡‧匡特及其親信哈索‧馮‧法爾肯豪森，還有波爾克和登克兩位博士。蘇珊娜‧克拉騰則在熱姆諾露面過幾次，表明匡特家族非常重視金普斯的業務。

斯特凡‧匡特和我在阿塔拉酒店的談判進展得很順利，我的顧問艾倫‧格林的姐姐擁有這家酒店。後來當我得知這裡其實是摩薩德（Mossad，以色列情報和特殊使命局）特工的活動場所時，才明白我們的會談只是相對保密而已，談話內容早已引起了「金普斯行動」的相關各方，特別是 CIA 的興趣。

只有從巴黎喬治五世大街，前往以海鮮新鮮度和質量而聞名的「馬里于斯和雅內特」餐廳的途中，我們的談話內容才算是嚴格保密的。在這段時間，我得以更好地觀察斯特凡。在漫長的繼承程序結束後，他掌握了 25.83% 的股份，成為寶馬公司的頭號股東，他成功躋身德國最富有的人之列。斯特凡的股份加上他姐姐蘇珊娜的股份，現在寶馬公司 46% 的股份由匡特家族控制。斯特凡性情內向，情感不輕易外露。在路過著名的野馬俱樂部門口時，我意外發現他顯得有些不自在。此外，他也非常厭惡盲目消費。他跟我說，他對自己那輛小型兩門寶馬汽車一直很滿意，但

他還是決定換一輛寬敞的四門寶馬轎車，以便在邀請母親和姐姐去餐廳時讓她們坐得更舒適些。他還告訴我，他沒有向現居中國香港的英國女友提供過任何物質上的幫助。而且，由於女友是英國航空公司的空乘，他都不必為往返香港的機票付錢。甚至，當他應邀到位於新加坡的金普斯科技（亞洲）公司董事長家赴晚宴時，他都沒有給準備晚餐的女主人送花 —— 他實在是過於「慷慨大方」了！

　　9・11 事件發生後的第二天，我在離開阿塔拉酒店的大廳時目睹了難忘的一幕。一名女性顧客向在場的人表示，以色列人因為他們的母國在巴勒斯坦的土地上實行的政策遭到了報應。突然，一個男人站了起來，對這番講話表示了強烈的憤怒，擺出一副咄咄逼人的架勢。我意外得知，他正是以色列駐聯合國大使。在阿塔拉酒店，這群受人尊敬的主顧受到了摩薩德的悉心保護。

達索飛機製造公司登場

　　就在 1997 年，金普斯一名內部人士曾這樣表示：「剛剛起步時，我們必須依賴於金融合作夥伴，但如今，我們已經足夠成熟，可以轉而與可靠、友善且有着長期共同戰略利益的企業家開展合作。」三年前，隨着德國工業巨頭匡特家族的入股，金普斯提出了這項發展戰略。而今，金普斯必須要找到新的增長機遇，從新合作夥伴的技術進步中受益，並最終實現股權國際化，以便更好

地打入海外市場。

我堅信自己必須沿着這條道路前進,吸引潛在的重要經濟參與者。因此,我積極為公司代言,不放過任何機會來強調公司取得的傑出成就以及光明的增長前景。我強調,產品的創新性、工程師具備的專業知識及相對於競爭對手的技術優勢,都是我們強大的保障。我還會援引那些選擇信任我們的知名客戶(如法國電信和德國聯邦電信)作為我們可靠的例證。

就這樣,在愛麗舍宮(當時是雅克·希拉克任總統)舉行的一次活動上,一位名叫迪迪埃·隆巴爾的電信工程師過來與我攀談,並對我表現出了特別的興趣。我很快意識到這人水平不低。事實上,他是位出色的技術專家、經濟學博士,曾參與過法國首批電信衛星的調試工作。之後,他先後擔任法國研究部的科學處主任及法國經濟部的工業戰略總幹事,最終,他在幾年後執掌法國電信。

我們之間的交流進展得非常迅速,迪迪埃·隆巴爾立刻就明白了金普斯正面臨的挑戰。他為我們指出了三個重要問題:公司的發展,特別是在海外的擴張需要大量資金;全球移動通信系統標準的實施將為公司提供廣闊的應用前景;前期股東急於取得巨額回報。由於當時不是上市時機,解決方案只能是吸引新的投資者加入。

這次會面影響深遠,頭一個結果就是我們與文萊建立了聯繫。文萊那時正通過文萊投資局尋找在法國高科技領域的投資機

會。投資局代表希望在馬來西亞、印度尼西亞和阿聯酋等地推廣和傳播他們的高科技能力。這次交談也成了我們與達索家族建立起特別聯繫的起源。

事實上，達索家族長期以來非常接近愛麗舍宮的核心，雅克·希拉克曾一度希求在達索飛機製造公司中擔任職務，而達索家族的發展歷程也一直與權力的內幕緊密相連。此外，達索家族還有着世代從政的傳統，家族中不乏市長、國民議會議員甚至參議員。

達索家族也希望獲得從萊昂·布魯姆、夏爾·戴高樂、弗朗索瓦·密特朗到雅克·希拉克在內的當權者的照顧。無論政治人物屬於哪個派別，他們一律慷慨相待且保持密切聯繫，沒有讓任何人感到不快。記者卡特琳·奈回憶稱，她在入職達索家族所屬的《法蘭西時代》季刊時，曾得到馬塞爾·達索這樣的指示：

「我知道您擅長針砭時弊、諷刺現狀，但在這裡，您得學着對右翼保持和藹態度，對其他人也不要顯得刻薄。」正因如此，馬塞爾·達索創立的達索集團才順利渡過了法國的社會與政治風雨。

必須指出，受當權者政治取向的影響，達索公司的發展也不是一帆風順的。1981 年左翼上台執政後，達索集團甚至面臨着被國有化的風險，還曾一度被列入相關公司的名單。多虧馬塞爾·達索的親信、弗朗索瓦·密特朗的童年玩伴皮埃爾·德·貝努維爾從中周旋，最終，達索集團被認為對國防具有至關重要的戰略意義，才沒被收歸國有。集團僅需向國家出讓 26% 的資本。馬

塞爾‧達索生前十分關心雅克‧希拉克，對他視如己出，但後者並未對馬塞爾之子塞爾日‧達索表現出同樣的關心，而是試圖與其保持一定距離。希拉克作出了巨大的努力，試圖將法國國家航空宇航公司和達索飛機製造公司合併成一家頂尖的航空集團。為此，國家持有的達索集團股份被轉讓給了法國國家航空宇航公司，因此，達索集團重新取得了私有公司的地位。[1]事實上，雅克‧希拉克剛進入政壇時深受馬塞爾‧達索的提攜，馬塞爾‧達索時任國民議會議員，常常在當時政府掌權者的耳邊提醒，他希望能讓年輕的雅克擔任分管民用航空安全調查局的國務秘書。

言歸正傳。在我和達索家族建立聯繫，且得到法國當局支持後不久，我前往「香榭麗舍－馬塞爾‧達索」環島，在達索集團設在香榭麗舍大街低處[2]的公司總部與他們會面。當我開着那租來的寒酸小車被允許通過大門，進入這個聲名卓著的地方時，我不由感到一陣激動。我注意到大廳裡擺放着由馬塞爾設計的聞名遐邇的「閃電」木製螺旋槳。第一次世界大戰期間，法國最著名的王牌飛行員喬治‧吉內梅駕駛的斯帕德Ⅶ戰鬥機就配備這種螺旋槳。從喬治‧吉內梅的 53 場勝仗到後來的陣風戰鬥機，「閃電」螺旋槳的歷史不可謂不長久！

達索不動產金融公司的代表、達索家族的蒂埃里‧達索負責協議的談判，希望達索能擁有金普斯 9% 的股份。蒂埃里‧達

---

[1] 但兩家公司的合併事宜因國民議會解散而未能完成。
[2] 香榭麗舍大街地勢西北高東南低，故有此說。

索表示，達索自動化與通信公司需要金普斯來彌補他們在電子銀行業務和支付系統領域的不足。金普斯則希望依靠合作夥伴在航空、電子、電信、信息技術和程序仿真領域的佔比優勢鞏固公司高度重視的業務技術優勢。

之後，特別是 1998 年末的假期，我有機會和達索家族的人再度碰面，包括在一些私人場合。我的職業生活實在過於充實，我很少有可以自由支配的時間。1998 年末，我終於有機會在瓜德羅普島上享受幾天家庭假日。那些天，我是在聖弗朗索瓦的梅里迪恩酒店度過的，同行的還有我的妻子、孩子、父親、母親、弟弟和弟妹。大家都知道，我們拉叙斯家族傳統上非常傾向左翼。在小學擔任教師一職的父母讓左翼傾向在家族中扎下了根，而我可能是全家僅有的稍稍偏離這一立場的人。的確，有我這樣一名致富在望的兒子，根深蒂固的信念多多少少也會被動搖。不過，每個人都享受着日光沐浴與椰樹陰蔽的假日時光。我們並不孤單，在海灘上有可能遇到歌手阿蘭・蘇雄，而社會黨的前總理洛朗・法比尤斯就坐在附近的桌子旁用早餐，他面前擺着文件。我的父親很想趁此機會與他談談政治，但可能覺得自己的政治高度不夠而感到緊張，他沒敢立刻付諸行動，而是過了很長時間才上前與之攀談，以一句有力的問候向對方致意：「您好，同志！」

每天清晨，我習慣先慢跑，再一頭扎進碧綠的加勒比海暢游。我跑步的路線經過酒店背後的大型高爾夫球場。一天，我在球穴區看到了一個熟悉的身影，但他身着馬球衫和鮮豔的百慕大

短褲，讓我覺得自己一定是認錯人了。然而，那人確實是塞爾日·達索。他獨自一人在球場上，拉着他的高爾夫球包車，並邀請我加入他的行列。不熟悉高爾夫的我只好謝絕了他，而當他提議一同去深海游釣時我再次婉拒，因為這會讓我離開家人太久。不過，我們最終約定在那天共進午餐，因為塞爾日獨自前來無人陪伴，在隔壁的酒店感到有些孤單。就這樣，這名無所不能的老闆、全法國財富排行榜第五位的塞爾日在將高爾夫球鞋換成一雙漂亮的人字拖之後，就加入了我們拉敘斯家族的小團體。

　　有人可能會覺得背景視野差異如此之大的人聚在一起，恐怕會出現文化上的不和或產生一些爭論。但我們宛如身處畫境般身心舒暢：餐廳佈局考究，信風溫暖舒適，椰子樹上長尾小鸚鵡和鸚哥的歌唱悅耳動聽，沙灘上有海濤陣陣，這時，身着民族裙裝、笑容甜美的安的列斯姑娘送來味道鮮美的烤魚和烤龍蝦，塞爾日按照慣例偷偷塞給了她們幾張鈔票以示感謝。談話氛圍和諧，塞爾日的謙虛有禮、毫不做作、友善待人，很快就吸引了我們這些資本主義制度的強烈反對者，包括家庭中信念最堅定的成員。雙方都非常喜歡友好的談話氛圍，談論起各自家族的起源、經歷和生活地區。塞爾日提起了由他父親馬塞爾創建的達索集團的歷史，以及達索工廠生產的著名飛機「幻影」、「陣風」和「獵鷹」。

　　在此，我插入一句，早在金普斯創立前，當我還在馬特拉公司工作的時候，我就得到過達索電子公司的支持，他們試圖說服英特爾將微處理器架構集成到晶片卡中，可惜他們未能成功。那

時，美國人一如既往地堅定捍衛他們老舊的磁條系統，晶片卡根本不受他們的重視。此外，我還想指出，塞爾日本人提交的電子錢包專利也未能面世，很可能是因為受到了莫雷諾晶片卡的阻礙。午餐時，他並未像往常那樣惜字如金，而是用友好的話語營造了融洽的氛圍，讓這次會面長久地留在了每個人的記憶中。

2002 年，塞爾日之子蒂埃里・達索成為金普斯董事會的一員（我們之後還會談到金普斯董事會），他表現得積極、敏銳且始終如一的忠誠。特別是在美國的德太投資集團入股金普斯這件不祥之事發生時，他表達了自己的疑慮與不安，並毫不猶豫地同這些新來者展開了正面交鋒。意識到美國人的真正意圖沒有那麼簡單時，他毫不掩飾地展現出了自己的經濟愛國主義。通過在達索的歷練，他熟悉了與經濟間諜相關的活動，還同法國情報部門和經濟情報界建立起了密切的關係。美國人一度試圖哄騙蒂埃里入夥，2003 年 12 月，美國人決定分給他一萬份股權，甚至不經他同意就將期權授予了他。這次確實是過分了，決裂已然不可避免。終於，在 2005 年 4 月 27 日盧森堡的皇家酒店內舉行的金普斯國際公司全會上，宣佈他被排除在董事會之外。就這樣，法國人失去了抵抗美國人的最後力量。[1] 我們將在後面更詳細地談及此事……

面對這一不可更改的決定，蒂埃里・達索宣稱：「問題根本不

---

[1] 2000 年德太投資集團入股金普斯後，金普斯的創始成員先後離去，馬克・拉敘斯最終也在 2002 年 12 月召開的公司全會前離開了董事會。

在於我個人被解雇，而在於公司內最後一名法國代表被徹底排除在外。我不後悔自己曾干擾過某些股東對董事會和管理層的實際控制權。」

那天在酒店大廳裡，CANAL+ 的一名記者正在錄製《星期一調查》節目，主題是「歐洲與美國之間的秘密經濟戰」。他首先走到龐德文跟前，詢問他未來是否仍將執掌德太投資集團。龐德文生硬地說不會。記者沒有善罷甘休，追問龐德文在他的投資資金與 CIA 之間是否存在某種聯繫。作為回應，龐德文抄起一個拎包，猛地砸向攝影機。採訪就這樣結束了，但這其中蘊含的信息要比一次長時間的演講還多。我們之後還會再談到這一點⋯⋯

可靠且合理劃分的股權結構

在新千年到來之際，我非常高興地意識到金普斯有可靠的合作夥伴提供資金支持，能夠支持其未來的發展。

歐洲從來不乏實力雄厚且受人尊敬的工業企業家，他們自然在金普斯中佔有重要地位。幾名創始人的分佈很平衡，而在股權分配計劃的激勵下，公司員工也加入了這場冒險活動。

金普斯中的亞洲面孔同樣引人注目。除文萊之外，新加坡經濟發展局也通過祥峰投資控股公司佔有一席之地。（日本）國際電話電報公司和日本電報電話公司這兩家電信巨頭也投資了金普斯，希望加入採用了全球移動通信系統標準的移動電話領域的發

展潮流中來。此時，這一標準已被全世界採用，只有美國和與之親密的日本除外。

那時，我們的合作夥伴中還缺少中國的身影，但中國很快就會在其中扮演重要的角色，而且這位夥伴非常和善。

在那段時間，除通用電氣通過通用電氣資本公司（以下簡稱通用資本）持有極少數股份外，美國人幾乎在金普斯的股東中完全缺位。這是因為美國人過去極其依賴磁條卡，對晶片卡始終不信任。

然而，金普斯終將引起美國人的興趣，但不幸的是這種興趣與商業活動毫無關聯。這些傢伙藉口移動網絡和金普斯的晶片卡可以在全球範圍內開展間諜活動，進行了一系列破壞。

進取精神：一支與領導者並肩作戰的團隊

20 世紀 90 年代，金普斯總部

金普斯豐富多彩的活動

　　金普斯的發展使我們可以上九天攬月，一路駛向星辰大海。激勵着我和同事們的是始終前進的強烈願望，就像當初我在橄欖球場上那樣奮勇向前。在企業的賽場上，我們總是以集體的力量取得勝利。因此，我一直特別重視我的隊友 —— 企業的全體員工。

　　招聘工作隨着企業業務的增長在穩步進行，每份應聘請求都會得到我們最認真的對待。鑑於人力資源部門平均每週都會收到數百份求職申請，我確立了系統性回覆每名應聘者的原則。法國失業率很高，金普斯又遠近馳名，所以，有這麼多的求職請求並不讓人意外。

　　如果必須為金普斯的成功找到一個解釋，那答案毫無疑問要

從金普斯面向國際的策略中去尋找。金普斯甚至將國際化策略當成了自己的「宗教儀式」。以自己過去的經歷為參照，我很快就意識到法國市場實在太小了。公司設立之初就制定了向世界各地擴張的目標。公司的營業廳和營銷處如雨後春筍般在世界各地湧現，與各國同行同台競技。金普斯有自己的撒手鐧。只要條件允許，我們就會申請在東道國開辦工廠。我們與當地決策者緊密合作，在促進當地就業與帶動經濟增長方面發揮了巨大的作用。因此金普斯得以在激烈的競爭中保持遙遙領先的地位。而且，我們知道怎樣最大限度地借用橄欖球的戰術，在競爭對手的防線中撕開一個「豁口」，由此衝向得分區。

　　我認為在公司內部組織各國分部召開交流會意義重大，雖說管理層中有人因花費不菲而表示反對，但我每年還是會想盡一切辦法來組織這項活動。公司會在這些名副其實的大型年會上表彰各分部團隊所做的工作與取得的成果。我願意給他們必要的榮譽，為此，我特意為他們挑選了那些夢幻般的目的地。我們先後前往了瓜德羅普島、歐洲迪士尼樂園、伊斯坦布爾、加勒比海的聖馬丁島、摩洛哥的馬拉喀什、南非的太陽城以及墨西哥的坎昆島。公司年會無疑在 1997 年的曼谷達到了高潮。那時，泰國正處在經濟危機之中，他們以十分誘人的價格為我們這些賓客提供了最好的場所。甚至，當我們的大巴車在市區行駛時，該國專門對首都實行了交通管制。在金普斯之前，只有國家元首才有權享受這種待遇。

　　受邀參加國際交流會的有分銷商夥伴、主要客戶、與金普斯有生意往來的國家的政府代表、公司內部的聯絡和營銷部門成員，當然，還有分佈在世界各地的年輕銷售工程師。年會上唯一缺少的是工廠的員工，每每念及此處，我都會感到深深的愧疚。

　　公司還會組織一些其他促進員工友好關係的節慶活動。公司內凝聚着的進取精神，以及有機會在這支成功團隊中發揮作用的人們表現出的強烈自豪感，無不打動着每一位進入公司的員工。當我陪同客戶一道參觀生產線時，最讓我感到愉快的是操作員會笑臉相迎，充滿活力地向我們詳細介紹她們正專心從事的工作。我認識這些女工中資歷最深的幾位，並可以叫出她們的名字。對於新來的員工，我會使用過去在美國摩托羅拉工作時學到的竅門。在摩托羅拉，員工佩戴的胸卡上會寫明姓名，隔着幾米遠的距離就能看清。這確實幫了我不小的忙。在工廠內，維修團隊穿着綠色工裝，操作員和技術人員則穿着白色工裝，二者相映成趣。無塵室中的操作員着淺藍色工裝，一般檢驗和安全管控人員着深藍色服裝。我們還專門給訪客預備了橙色服裝。由淺至深的顏色薈萃一堂，展示了一種真正的團隊精神。每個人都知道自己扮演的角色並努力作出自己的貢獻。

　　我們的工廠吸引了媒體的目光。有一天，法國電視二台的工作人員過來拍攝，向我誇讚，金普斯的工作場所非常乾淨，特別是閃閃發亮的地板，「甚至可以在地上用餐」。清潔對高科技產品的生產至關重要。生產時，再小的灰塵也不能出現，車間需要保

持密閉。

　　我是個喜歡開玩笑的人。有那麼一段時間，我忘記了攝像機的存在，我告訴電視二台的工作人員，剛才說的那些都是小意思，我還想請他們確認一下「茅房」是不是同樣乾淨。我說，「茅房」和電話接待是評價一家公司水準的兩項最重要的指標。他們的鏡頭還在我讓人張貼的小海報上停留了片刻，上面印着阿爾弗雷德‧德‧繆塞寫給他的情人喬治‧桑的詩作《小地方》，用來提醒大家注意愛護車間環境。

　　這期訪談節目在國內引起了廣泛的關注。節目播出後，一所國際管理學院的教授打電話稱讚了我，還說他把我的故事當作案例講給了學生。公司內部有一位名叫保羅‧卡斯泰羅的清潔工業餘時間喜歡寫詩，他後來不時與我分享幾句詩文。唯一掃興的是我的母親。她在電視上看到了這期節目，小學教師的職業習慣讓她驚歎「茅房」這個詞的不雅，她說拉敍斯家族的人決不能使用這樣一個詞。我認識到了錯誤，欣然接受了批評。媽媽永遠是對的！

　　節慶活動是金普斯內部文化不可或缺的一部分。每年，全體員工都受邀參加各類戲劇演出和動畫製作。許多活動都銘刻在了我們的記憶中。例如，公司曾舉辦過模仿康城電影節的比賽。在一家專業傳媒公司的技術指導下，我們拍攝了 22 部電影，那次電影的競爭非常激烈。新加坡團隊製作的兩部影片特別引人注目：一部影片中，員工身着中國傳統服飾玩着法式滾球；另一部是馬

塞爾·帕尼奧爾著名的《紙牌遊戲》的翻版,片尾,演員們説着普羅旺斯和馬賽的方言。參賽者被我們特意租借的豪華汽車送到紅毯前,他們的伴侶也受邀一同出席頒獎儀式。我所在的攝製小組的靈感來自著名的「庫斯托船長」,我們租借了一艘外號「小杏仁蛋糕」的軍艦。這部影片旨在宣傳環保。在影片末尾,那些醉酒的海員將空啤酒瓶扔出船外,而這些酒瓶恰好落在建有我們研究中心的拉西奧塔港灣。

金普斯也不缺少音樂活動。在一次令人難忘的演出中,美國工廠的經理賈斯廷·丹吉洛在 2000 多人面前演唱了一首非常動聽的歌曲,就是因電影《福祿雙霸天》而出名的卡布·卡洛韋的《米妮公主》。在接受了一名來自馬賽市區北部的年輕人的特別指導後,我和一群秘書進行了説唱表演。我還跟人力資源主管西爾薇·布呂內聯袂演唱了一組爵士樂歌曲,她飾演埃拉·菲茨傑拉德,我則扮作路易斯·阿姆斯特朗。

體育不能不提,它是我生命中不可或缺的一部分。我是金普斯長跑隊的一員,我們團隊曾多次參加馬賽至卡西斯的長跑比賽。這段總長 20 公里的路途十分困難,我們還要翻越一座海拔 327 米的山。最優秀的選手能夠在一小時內完成比賽,足見比賽水準之高。

自 1979 年創建以來,這項比賽獲得了廣泛認可,名聲也超出了我們的疆界。每年 10 月最後一個星期日,大約 15000 名參賽者聚在馬賽的韋洛德羅姆體育場附近等待出發,由於等待的時間

較長，偶爾會引起擁擠推搡。通常情況下，至少要等待一個小時才能出發。而每年的這個時候常常特別寒冷。參賽者只好在米什萊大街兩旁的人行道上踩腳取暖，身上披着厚厚的衣服。發令槍一響，他們把衣服往地上一扔，就衝向前方。我們團隊在參加紐約馬拉松比賽時，情況也是這樣，大量的衣服被扔在韋拉扎諾海峽大橋上，而缺衣少食的流浪漢就會高高興興地撿起來穿在自己身上。

以後，再參加比賽時，員工就把垃圾袋剪個口套在身上，雖然不性感，但很保暖。

比賽開始時，每個人都試圖擠到隊伍靠前的位置，以取得更好的名次。由於這一現象反覆出現，金普斯的工程師便萌生了一個大幅改進現有設施的想法。對公司而言，這是一個員工展示創新能力的絕佳機會。

克里斯托夫·盧塞爾向我提議開發一套射頻識別天線系統，它將被安裝在參加 1997 年 10 月長跑比賽運動員的鞋子上。這套系統將會提高自動計時系統的可靠性和精準度。更重要的是，藉助這套系統，參賽者一越過終點線就能知道自己的排名，而不必看第二天《普羅旺斯報》公佈的結果。

金普斯立刻就對這項新技術進行了宣傳，同時不忘告知大家公司董事長將親自參加即將到來的比賽。

為成功交付一款能引起所有人關注和讚揚的產品，開發團隊承受的壓力逐漸增大。頭幾次試驗均告失敗，在離決定命運之

日還剩三週時，系統仍然不能正常運轉。已經打算聽天由命的克里斯托夫讓我作好心理準備，同時，他自己作好了準備接受我的訓斥。若是比賽當天系統失靈，招來參賽者和組織方的憤怒和挖苦，後果確實不堪設想。

我的回應從來都出乎他的意料，這次也不例外。我說，我們將面對的最糟糕的情況不過是，當人群越過設在卡西斯港口的終點線時，我們為躲避大家的譴責而跳到海中避險，將「長跑」變成「鐵人兩項」！

直到今日，克里斯托夫還會談起這段經歷，說這讓他後來的管理生涯受益頗多。那天的經歷使他明白，當團隊成員被消極情緒和恐懼感控制時，領導者的寬心話語和親切關懷能夠幫助大家克服困難取得成功。從那時起，這個想法就一直伴隨著他。他離開金普斯後創立了塔格希公司。該公司專注於開發射頻識別的基礎結構，用於追蹤能夠通過無線通信連接上的對象。

金普斯的比賽項目還有艱苦的鐵人三項。無論從哪種意義上說，這都是項了不起的競賽。首先，參賽者要在拉西奧塔的海水中游 800 米，之後，騎行 25 公里，越過令人生畏的昂日山口來到熱姆諾，最後，在一片松林中奔跑 6 公里抵達終點。那段路十分陡峭，就連經驗最豐富的老將跑下來，踝關節也會有些吃不消。

最初，讓-皮埃爾·科納克領導的競賽組委會不同意我參加全部三個項目。他們擔心我的健康狀況。因此，我和兩個兒子接力參賽，我只參與中間的騎行部分。但第二年我 60 歲時又參加

了一次，這次我獨自一人完成了全部三個項目。當我完成比賽後發現自己領先於一組接力完賽的隊伍，而他們的年齡加起來還沒我大的時候，我是多麼開心呀！就是這樣的逸事讓我在公司裡出了名。

最後，我還在公司成立五週年之際策劃過一場超級長跑比賽作為必不可少的慶祝活動，路線的兩端分別是我們在德國菲爾德施塔特的工廠和在法國熱姆諾的總部，全長 1070 公里，取道鄉間公路，將參賽者一路引向與瑞士毗鄰的邊境。比賽日夜兼程，12名參賽者由我親自打頭輪流接力，每人負責奔跑 10-15 公里。這次行程充滿了意外，比如說隊伍中曾有幾名成員深夜在德國一側的黑林山中迷了路，又比如提供後勤服務的野營車一度與選手完全失聯。畢竟「智能手機」那時尚未面世。還有一點值得一提的波折是，參賽隊伍比預料的提前一天抵達了目的地，只好在附近的旅舍安頓下來避人耳目，以便在原本預計抵達的那大越過終點線，接受人群熱烈並且飽含欽佩的歡呼。

世界盡頭的燈塔

接下來要談的是金普斯發展歷程中的另一個重要事件，這件事發生在一次去澳大利亞的重要旅程中。澳大利亞這個國家對金普斯來說是個特殊的存在，因為澳大利亞是世界上人均使用晶片卡最多的國家。我在這次旅程中拜訪了我們的客戶和分銷商夥

伴，當然還有公司在悉尼和墨爾本的營業廳。

在參觀悉尼港一家航海用品專賣店時，我從一本小冊子中獲悉，一位曾多次乘坐帆船完成環球航行的法國航海家正在準備一個項目。在美洲大陸最南端那令人生畏的合恩角附近有座阿根廷的小島，他計劃將島上的一座燈塔和位於法國大西洋沿岸拉羅謝爾港口的一座完全相同的燈塔同時點亮，以慶祝公元 2000 年的到來。19 世紀 50 年代時阿根廷人曾建造過一座燈塔，大師儒勒·凡爾納的作品則使其聞名遐邇。這名航海家的隊伍計劃以阿根廷的這座燈塔為原型，在拉羅謝爾修建一座完全相同的「世界盡頭島嶼」的燈塔。但有兩個問題尚待解決。首先要在法國建造燈塔，需要事先獲得資金支持；其次還得派遣一個小組前往「世界盡頭」，修復阿根廷這座依靠光伏電池供電但已經出現照明系統故障的燈塔，並在 1999 年 12 月 31 日跨入 2000 年 1 月 1 日的夜晚成功點亮。

我奇跡般地按時找到了建造法國燈塔必需的資金和後勤保障資源。接下來要做的就是在金普斯內部組建一支隊伍，在我們的航海探險家安德烈·布龍納的領導下前往南半球環境惡劣的陸地和海洋，修復「世界盡頭的燈塔」，並在 2000 年跨年夜將它與它在法國的雙胞胎兄弟同時點亮。為此，我們還得搭建無線電通信、衛星電話和電視信號設備，以便直播這次活動。這在法國公眾中肯定會大受歡迎，而對金普斯來說這不啻一次絕佳的廣告機會。此外，所有這一切都是嚴格使用可再生能源實現的：帆船、

小型風力發電機以及太陽能板。我們那時就在談論可再生能源了，要知道這可是發生在 20 多年前的事！

因此，組建這支將外出航海約兩個星期的隊伍的任務就交給了我們的特遣隊隊長。他要找到體格健壯、經驗豐富、熟悉大海的隊員，因為我們需要越過那神話般的合恩角。不過，我提出了三個條件：隊員大多數要是金普斯的員工，隊伍中要有適當數量的女性成員，以及每個大洲都應有自己相應的代表。就這樣，這支隊伍最後由一名德國男性、一名美國男性、一名法國女醫生、幾名有不同背景的男女雇員、一名男性記者以及我們在北京辦公室的一名中國女性雇員組成。

由於不久前阿根廷和英國在這片海域爆發過嚴重的武裝衝突，我們多少會有一些軍事上的擔憂，但我們的隊伍進展順利。我和妻子也在其中。一切都井井有條：燈塔的照明設備已經修好，電話和電視衛星通信沒有問題，有技藝精湛的男女大廚作伴，我們還有幸品嘗到不少上好的阿根廷葡萄酒。我帶來了我母親特意為我們準備的香檳和法國鵝肝。一切準備就緒，就等着開心迎接萬眾矚目的 2000 年跨年夜了！

除此之外，我們還享受着這個地區因靠近南極洲而特有的氣候。

不幸的是，法國那邊卻沒有同樣的好運氣。從法國傳來了一條可怕的消息。12 月 27 日，法國遭到一場史無前例的颶風侵襲，損失慘重，共有 96 人喪生，而我們在拉羅謝爾的燈塔自然也被徹

底摧毀了。世界顛倒了！我們為這片世界上環境相對惡劣的地區的最壞情況作好了準備，沒承想最糟糕的事情卻發生在了法國。

別提我們的團隊成員有多失望了，我們只好穿越合恩角進入太平洋，抵達烏斯懷亞後乘飛機返回各自的國家。儘管最後失敗了，但我們的確經歷了一次偉大的冒險，至少我們曾讓所有的員工都滿懷期待。[①]

當美國最終決定採用晶片卡時，這幅美好的圖景還能繼續下去嗎？顯然不能。我們曾如此希望拿下美國市場，但這個國家的領導人卻選擇了一種截然相反的戰略，限制金普斯的發展，質疑金普斯的成就，甚至懷疑金普斯的獨立性。這就是我在本書後續部分想要表達的重點。

對金普斯採取的行動得手後，克林頓總統曾自豪地展示了一塊印有美國國徽的金普斯晶片卡，對外發出了一個明確無誤的信號。他後來還被拍到與南美洲某國元首簽署協議，而保障協議條文安全性的晶片卡讀寫器 Gemtel 同樣是「金普斯製造」。

在這種情況下，即便我對上層社會的光環並不怎麼熱衷，金普斯取得的經濟成就與技術成就的名聲還是讓聚光燈對準了我們。這終於引起了美國人的注意，他們相信能輕而易舉地打敗這些小「法國佬」。

哪怕到了現在，每當我回想起這件事的來龍去脈，仍能體會

---

① 法文版《晶片陷阱》用一整章講述了這段故事的細節，章名為「追尋儒勒・凡爾納的足跡」。

到一種永恆的苦澀，口中不由地哼唱起法國歌手喬治·布拉桑的
唱段來：

　　　　我離群索居遠離城市廣場，

　　　　那兒靜謐而適合默想，隱秘又有田園風光……

　　　　我拒絕償清榮耀的代價，

　　　　寧願像睡鼠一樣臥在月桂枝丫。

　　　　意見明智的人讓我知道，

　　　　我得向普通人一切報告，

　　　　而為着不讓自己被徹底忘記，

　　　　我竟得暴露我全部的小秘密。

　　　　名氣

　　　　的小號，

　　　　您的調子

　　　　真可笑！

雨終虹現：以驚人的速度持續發展

1995 年，法國，巴黎

　　沒有人能對金普斯的驚人發展無動於衷。讚美與批評接踵而至，說明公司引發的欽佩或是嫉妒情緒是何等強烈。

　　在法國，大家更習慣於簡單地批評，而不是提出建設性的意見，甚至懶得嘗試着理解我們。

　　《費加羅報》經濟板塊上刊載過一篇長文，作者打着保護法語的旗號，對我們這家年輕的普羅旺斯公司普遍使用英語的做法表示反對。但這名作者沒有花心思進行調查，他恐怕不知道在公司熱姆諾總部工作的員工來自 16 個不同的國家，而且 90% 的業務和利潤都與出口相關。他還忽視了這樣一個事實：公司在國外雇用的員工多數都是法國人，而研發部門則只在法國設立。他可能也不知道我反感在法語中夾帶英語詞彙，討厭這種面目可憎的混合體。我倡導同事以加拿大的魁北克人為榜樣，他們在說某個東

西時總能夠找到合適的法語單詞，哪怕是最專業的術語。還有，對英語動詞做法語變位是最讓我無法忍受的！

但是，被一家熱衷於自詡為法蘭西獨特思想捍衛者的媒體的「紙上塗鴉的能手」（就像莫里哀在其劇作《女學究》中稱呼的那樣）在其專欄中撰文詆毀，可能就是出名要付出的代價。

在另一些場合，我們的競爭對手和不少媒體則將矛頭指向了我個人，對我進行了激烈批評。1996 年，在一個有關晶片卡市場的座談會上，我預測全球僅 SIM 卡就可以達到 2100 萬張的市場容量。我的言論立馬招致各路「專家」的強烈批評。別人認為我不過是個來自法國南部的馬賽人，試圖製造些「嗡嗡聲」來吸引聽眾的注意。但 12 個月後，1997 年僅金普斯一家企業就售出了 2000 萬張 SIM 卡，而這只佔市場總量的 1/3 多一點。這一結果讓那些卡珊德拉 [1] 式的預言家啞口無言。

於是，後來國內外舉行的不少座談會常邀請我作為嘉賓發表演講。我被認為能夠預測技術發展的方向和市場走向而受到了大家的歡迎。

我相信，我的發言受到了各方聽眾的一致期待和讚揚。

座談會上我常常與競爭對手——巨頭斯倫貝謝公司的晶片卡部門主管先後發言，他唯一會做的就是些無聊乏味的幻燈片演示，炫耀自己公司的業績，同時將競爭對手貶得一文不值。這時

---

[1] Cassandra，希臘、羅馬神話中不被人相信的女預言家。

我總是試着說笑，說我們像是矮子坐在了巨人旁邊，我們像是坐在教室最後靠近煤爐取暖的壞學生，但我們晶片卡的銷量是他們的兩倍多！

此外，我總會充滿激情地去介紹主要技術趨勢和全新應用，而這正是聽眾期望聽到的。

多年以後的 2009 年 11 月，在一場有關物聯網未來走向的研討會上，我無比自豪地發現，發給參會者的手冊中引用了 ISM 研究機構 2008 年末的一項研究作為導言。這項研究證實了我在 20 世紀 90 年代初作出的預測：有一天，晶片卡的銷量將和地球上的人口數量一樣多。研究表明這一天已經到來了！文章還引用了作家勒內·巴雅韋爾在 1968 年出版的著名預言作品《漫漫長夜》中的內容，在書中設想的社會裡每名居民都戴着一個聯網的物品，裡面有一系列受到保護的個人信息。我們著名的「發明家」羅蘭·莫雷諾正是從這本書中得到啟發的。

在國內外，我們公司在以驚人的速度持續發展，招聘工作的增長速度也與之相稱。全體員工士氣高漲。由於不斷有年輕人加入我們的隊伍，公司員工的平均年齡一直維持在 30 歲以下。我們這家初創企業迎來了起飛期，同時保留了敏捷的特點。我總結了幾句恰到好處的話來激勵員工保持這種心態，比如說宣揚快速反應能力的這一句：我們向一切移動的目標射擊。如果目標不夠好，我們就立刻停下，停下一切！

但我並不會就此忘記我所接受的大學教育，我也支持與工程

師學院合作進行研究工作。有一天我接到了雅克·萊溫的電話，他是一名出色的研究員，同時也以初創企業創始人的身份為人所知。他在巴黎高等物理化工學院任科學部主任，與學院內的兩名諾貝爾物理學獎得主——1991 年獲獎的皮埃爾-吉勒·德熱納和1992 年獲獎的喬治·夏帕克合作密切。萊溫及其團隊已經申請了1000 多項專利，幫助創辦了多家初創企業，包括為多家電信運營商和互聯網服務提供商開發多媒體網關的 Inventel。他還與業務遍及法國內外的「城市公共設施之王」讓-克洛德·德高合作，為隨處可見的公共汽車候車亭（德高集團正是以此發了大財）提供了信息化和無線電廣播信號連接的服務。於是，我在雅克·萊溫的陪同下拜訪了德高集團在巴黎近郊普萊西爾的公司總部。那是個神奇的地方，德高集團所有產品的開發和展示都在那裡完成。院牆內的一棟舊建築被改建成了鄉村旅館，我們在那裡共享了一頓美味的午餐。我們在午餐期間討論了各種技術方案，例如為公共汽車站提供一種電子支付手段。我對此有所保留。我很難理解晶片卡系統可以給乘客帶來甚麼好處。在我看來，人們真正需要的是一款便攜式的小型閱讀器，不太昂貴卻能實時告知乘客信息，但最大的問題是這樣一款產品得能放進用戶的口袋或手提包裡。如今，裝有各類應用程序的智能手機已經實現了這種功能，但那時還沒有被開發出來。要等到 2019 年，普羅旺斯地區艾克斯才會在其「艾克斯快線」電動公交線路啟動之際配備預充式公交卡，乘客只需要在公交車的機器上簡單一刷就能扣費。

後來我和讓－克洛德・德高又在巴黎見過幾次面，考慮到我家鄉的緣故，他常常邀我去巴黎最好的巴斯克餐廳就餐。他拜託我向熱姆諾地區的市長分發印有德高集團標誌的雨傘，以此給他作推廣。紅色的雨傘給左翼市長，如歐巴涅市長讓・塔爾迪托；藍色的雨傘給右翼市長，如熱姆諾市長阿爾貝・吉拉爾迪。

我盡最大努力完成了這項任務，同時也為我的父母預留了一把紅色的雨傘。眾所周知，我父母的左翼傾向十分堅定，哪怕他們的兒子馬克選擇了「資本家」生涯，成了金普斯的「頭兒」。

讓－克洛德・德高和我都是處女座，而隨着交流的深入，我們發現各自身上還有着不少共同之處。我們在同一年出生，我們都熱愛自行車運動，喜歡釣鱒魚。此外，我們還有一個很少被提起的共同點，那就是我們倆都拒絕了榮譽軍團勳章。我們都認為自己不配接受這一法國最高榮譽軍團的勳章，我們更不願意加入那些名不副實的勳章獲得者的大軍。

我們的這種自豪感在法國未必會被欣賞……

第三章

上及天穹，下至地獄

躋身頂尖企業的行列

20 世紀 90 年代，金普斯總部

　　告別了初創企業的階段，金普斯現在已經是一家中型公司 [1]，公司受到的約束也與先前不相同。一切都發生了變化，公司的結構、組織和管理方法尤其如此。

　　金普斯過去就像是一個大家庭，但這種家庭精神顯然不再能適應新的挑戰。對那些過去投資這家年輕普羅旺斯公司的投資者來說，收穫的時刻已經到了。他們中的很多人渴望就此退出，收回自己的初始投資以及可觀的利潤。因此，上市看來是條合適的路，這樣不少人就能如願出售自己的股權。面對這樣一個嶄新的世界，面對向我們提出的許多請求、建議和警告，我們感到有些無助。

---

[1] 在法國，中型公司是指雇員人數為 250–4999 人，年營業額低於 15 億歐元的企業。

　　我們可以從國外的重要投資者那裡獲得雄厚的資本。實際上，為我們提供資金支持的投資者來自各個國家。當然有法國和歐洲的投資者，亞洲投資者同樣在列。不過，美國股東所佔比重仍然很低，只有通用資本一家持有微不足道的股份。那麼，為甚麼不將尋找潛在合作夥伴的努力轉向美國呢？

　　在此期間，我繼續充滿熱情地募集投資資金，但這產生的最大的影響就是延緩了我們上市的進程。通過股權投資或直接收購來實現外部增長的發展途徑也被提上了議事日程，我們看中的收購對象包括晶片卡支付終端的全球領導者——銀捷尼科公司。

　　為此，我們和法國以及歐洲的一些投資者進行了接觸，以推進這一戰略的實施。

　　另外，為了免遭法國稅收規定引起的損失，我不得不飛往英國，選擇在那裡定居，否則我就得繳納比我工資高得多的巨額稅款，因而不得不逐漸出售我的股份。我可不希望出現類似情況。稅收的計算方式極其武斷，更何況他們還要將我從未變現過的錢給算進去。諷刺的是，如果我擁有 25% 的資本，這筆錢就會被視為我的勞動工具，因而我不必支付任何費用。但我「只有」19%的資本，就必須繳納稅款。在法國，唯有富人能夠享受稅款豁免待遇。法國這項愚蠢的規定可以說是「自殺式」的，因為它迫使許多法國企業家離開了自己的祖國。

　　居住在英國，我無法近距離地參與到公司的日常管理中去。在倫敦辦公，我和熱姆諾總部之間很難再保持直接的溝通。

　　一次去巴黎時，我偶然從我的外部財務顧問艾倫‧格林那裡得知，非常著名的美國德太投資集團曾多次提出過合作意向，他們願意向金普斯投資大量資金。他們曾到訪熱姆諾並受到了管理層的接待，但我對此毫不知情。格林同時告訴我，通用資本和匡特集團的代表都贊成德太投資集團入股。於是，這家投資公司包括埃布爾‧哈爾彭在內的兩名代表曾兩次到訪熱姆諾，受到了達尼埃爾‧勒加爾團隊的接待。但埃布爾‧哈爾彭他們萬分驚訝於勒加爾團隊沒有給他們任何回覆。得知自己一直被蒙在鼓裡，我感到非常憤怒，我決定採取一些行動。我認為，這項合作非常值得關注，因為此時我們還沒和美洲大陸真正開展過合作。況且兩個主要股東都支持此事。這個從天而降的機遇可以讓我們光明正大地進入美國市場，我相信這是天意。

　　接下來要做的就是進一步了解情況 —— 探明德太投資集團究竟是何方神聖。我和他們駐倫敦代表的第一次會面地點選在了熱姆諾。代表團全體成員身着嚴謹的深色西裝抵達，他們列隊前進的場景宛如黑白幻燈片在滑動。他們很自豪地介紹自己來自美國以嚴謹著稱的貝恩諮詢公司。他們說他們決不會有過於繁複的裝點，也不使用彩色的演示幻燈片。我們很快發現，他們對我們公司種種微不足道的細節了如指掌，這應該是他們上次訪問期間探聽到的。現在他們只需要完成最後一步，也就是說服我，因為我有最終的決定權，我會評判與他們合作是否合適，是否值得。

　　他們對金普斯佔領的市場份額和取得的業績已經有了詳盡的

了解。他們説金普斯給他們留下了深刻的印象，提議讓德太投資集團入股金普斯，稱這可以為我們帶來無與倫比的「火力」，也可以讓我們公司的發展速度再上一個台階。他們説他們的貢獻將是雙重的，既可以為我們注入大量的資本，又可以提升我們在美國市場的地位。他們還説，他們可以為金普斯在紐約證券交易所上市提供巨大的幫助。錦上添花的是，他們還和美國政府關係密切，這將有助於金普斯拿下美國政府這個重要的客戶。我們可以進入希拉莉·克林頓無法涉足的醫療領域，而他們的老闆龐德文自詡在該領域有特殊關係。1993 年，希拉莉在丈夫——新當選總統比爾·克林頓的委託下，主持通過了《健康保障法》的改革，推進了美國公民人手一張醫保卡的進程，促進了社會保障系統的電子化管理。

他們還提到，美國 50 個州計劃將對 2 億張「駕駛證」①進行電子化，這裡蘊含着巨大的商機。我輕輕鬆鬆就能計算出高級卡的市場容量。相關設備的需求同樣可觀，首先是安裝在全美醫療和社會保障中心的金普斯專用讀卡器，其次是醫生和衛生專家所需的設備。這些銷售總額將達到數十億美元，這是晶片卡頭一次在龐大的美國市場迎來如此重要的機遇。值得補充説明的是，我們的主要競爭對手布爾和斯倫貝謝曾先後嘗試打開美國市場，但都沒能成功，鎩羽而歸。他們曾為推廣銀行卡和電話卡付出了巨大

---

① 駕駛證在美國非常普遍，被作為身份證件廣泛使用，故這裡有將醫保卡與駕駛證相結合的説法。

的努力，但美國運營商始終舉棋不定。美國從磁條時代過渡到電子晶片時代，經歷了數十年的時間。

德太投資集團為我們描述的前景看起來是那麼的光明與誘人，我們很快在他們位於倫敦的歐洲總部舉行了一次會面。在外部財務顧問艾倫‧格林的協助下，我下定決心自己主導這件事情。我們在會議桌旁列出了幾種可能的合作形式。看起來沒有甚麼特別的困難能夠阻礙這一項目的進展，雙方的合作看起來進行得非常順利。由於金普斯尚未上市，因此我們的全部股權都掌握在幫助公司成長的股東們手裡。德太投資集團提出要注入大量資金，同時提供必要的後勤保障，以便時機成熟時讓公司在紐約證券交易所公開募股上市。

有了可觀的資本，金普斯將會發展得更加順風順水。我過去一直擔心沒有足夠的資金支持我們的發展，幫助我們實施併購計劃，這種擔憂如今已不復存在。我現在要做的就是說服公司的現有股東同意這樣大體量投資者的加入，我認為不會有甚麼問題。特別是德太投資集團已經和通用資本建立了盟友關係。自第二次世界大戰結束以來，匡特家族也一直與美國人保持着密切的聯繫，現在也已經同意合作了。事實上，匡特家族還曾向艾倫‧格林抱怨熱姆諾總部的管理層沒有好好接待德太投資集團的到訪者，尤其是未經仔細考慮就一口回絕了他們的合作請求。

不過，這對避免金普斯集團的業務決策出現重大失誤來說還是很有必要的。所以，我們決定不能一開始就滿足德太投資集團

的所有要求，而將他們的股權限制在 33% 以下，這樣，他們就無法改變經 2/3 以上多數同意的公司決策。他們同意入股 26%。之後，我們需要協商出一個讓所有股東都能接受的入股價格。

此後為了敲定最終的合作事宜，雙方又舉行了兩次會談。首先是金普斯最大的股東匡特家族和德太投資集團在德國舉行了會談，隨後是我本人和龐德文在美國進行了會談。

艾倫‧格林與由埃布爾‧哈爾彭領導的德太投資代表團之間的關係很快變得親近甚至默契起來。他們有着共同的文化和相近的年齡，談話中不時會插入一些典型的美國式談話和笑話。

匡特家族與德太投資集團的會面在法蘭克福附近巴特洪堡的溫泉療養區舉行，匡特集團的總部就坐落在那裡。這是座名副其實的地堡，深藏在風景優美、樹木叢生的花園正中。雙方在機場見面。德太投資集團這邊派出的是埃布爾‧哈爾彭，與他同來的是他的一名美國同事。艾倫‧格林則由我們的老相識、銀行家居伊－樊尚‧德凱德雷爾陪同，就是他最初介紹我認識了匡特集團的代表哈索‧馮‧法爾肯豪森。

匡特集團總部大樓外的圍牆莊嚴而肅穆。我們一行人抵達後受到了匡特家族代表哈索‧馮‧法爾肯豪森博士、波爾克博士和登克博士那日耳曼式，或者不如說是「匡特式」一絲不苟的接待。與會者迅速依次作了自我介紹，明確了這次會議的目標。

作為開場白，埃布爾‧哈爾彭直截了當地開始了他那華麗的表演，他這個角色確實讓人印象深刻。他體型幾近肥胖，總是從

頭到腳穿着一身黑，可能想藉此讓他的身材顯得瘦一些。他在致辭的同時還不時地鼓動一下肚皮，這倒是有助於緩和氣氛。他着重介紹了德太投資集團的業績和能力，以此強調金普斯及其股東可以從中獲得巨大好處，他在講話的過程中還不停做出一些使人信服的手勢。他可真是個偉大的藝術家！

波爾克博士最終以一句讓人震驚的話打斷了哈爾彭的致辭。

「噢，哈爾彭先生，謝謝您！您的做派活像個猶太屠夫！」隨之而來的是一陣沉默，與會者驚訝地交換了幾個眼神，勉強擠出了幾絲微笑。我完全被搞糊塗了，只見哈爾彭點了點頭，又趕忙繼續他的講話，就好像甚麼都沒發生一樣。

會議繼續進行，屏幕上顯示着德太投資集團包括龐德文（戴維·邦德曼）和他的整個管理團隊在內的組織結構圖。這一次插話的是登克博士，他在滿是猶太名字的成員名單中看到比爾·普賴斯的名字後打斷了他。

「噢，我明白了，哈爾彭先生，德太投資集團裡並非所有人都是猶太人！」[①]

登克博士是面帶微笑插話的，或許他只是想幽默一下，不過這確實説明德太投資集團的絕大多數成員都是猶太教的信徒。

這次打斷沒有引起太大的反應。不過，與會者之間的目光交流變得更加頻繁了，更何況德太投資集團的兩名參會代表以及艾

---

① 埃布爾和戴維都是希伯來聖經《塔納赫》中的人物，基督新教稱作亞伯和大衛。

倫・格林都是猶太人！考慮到匡特家族傳統上有着清教徒的謹慎，特別是考慮到第二次世界大戰時他們家族的所作所為，這些言論確實會讓人感到驚訝。

但不管怎樣，會談的主角似乎都並未在意這件事，討論最終以匡特集團代表的發言告終，他們表示只要條件談妥，非常願意讓德太資本入股金普斯。

因此，德太投資集團的代表承諾會在公司下一次董事會上為此說項。一杯茶水恰到好處地結束了這次會議，與會者鑽入兩輛出租車中，前往法蘭克福機場。

在機場大廳，德太投資集團的代表爆發了一陣難以抑制的傻笑。他們當然圓滿完成了任務，但我們那兩位「博士先生」的插話讓他們的笑停不下來。

他們對匡特家族的行為感到大惑不解，無法就此給出合理的解釋。我們知道，匡特家族的先祖京特・匡特曾與納粹暗中勾結，他的第二任妻子與其離異後和戈培爾結婚，而正是戈培爾造成了德國匡特家族工廠中數百名猶太人的死亡。

我們都很難理解這種「中學生式」的幽默，我們法國的兩大著名喜劇演員科呂什和德普羅熱可不會開這種玩笑。這件出人意料的趣事的後續是，德太投資集團和艾倫・格林在之後的多次電話交流裡不時開玩笑說「我想和猶太屠夫通話」或「接電話的是猶太屠夫嗎」。這說明，不論這樣的國際金融交易有多麼重要，大家未必總是嚴肅的。的確，一旦涉及金普斯，一切皆有可能。

　　現在輪到我去龐德文在科羅拉多州懷爾德卡特牧場的住處拜訪了，我們的會談將為這場談判畫下句號。這名億萬富翁的莊嚴住所坐落在科羅拉多州的阿斯彭，是棟佔地 14000 平方米的巨型木屋，設有 11 間客房。木屋頂上是裸露在外的房樑，由長達 25 米的整根樹幹構成，材質是加利福尼亞著名的紅杉木。在露台上，可以欣賞到被白雪覆蓋的落基山脈，以及它在山腳下湖泊中的倒影。我是被一架私人噴氣式飛機從三藩市接到這裡的，享受的是王室般的待遇。

　　實際上，我對龐德文的過去和他的性格不太了解，我對他也幾乎沒有興趣。在我看來，他就是一名典型的美國商人，他的唯一信條就是通過在矽谷的各種投機活動無節制地攫取巨額利潤。他曾經是一名嬉皮士，職業生涯始於 20 世紀 70 年代的凱壽律師事務所，專門負責與安全和情報有關的敏感事務。他還以與 CIA 聯繫緊密而著稱。在 CIA，他以出眾的談判技巧和擁有制訂稅收計劃的才幹而聞名，談判和稅收成了他最為偏愛的領域。他還被認為是研究阿拉伯國家的專家。他曾前往埃及和突尼斯城攻讀伊斯蘭法律，出版過一本著作——《伊斯蘭法律現代化和伊斯蘭法律觀念的轉變》。擁有猶太文化背景的他在幾個阿拉伯國家（特別是在埃及）的活動都是在為美國和以色列服務，這一點是眾所周知的。2012 年 11 月初時，他不是在開羅會見穆兄會代表海拉特·沙特爾時傳達了美國高層的支持，表示美國試圖將時任總統穆罕默德·穆爾西從經濟潰敗的困境中拯救出來嗎？最奇怪甚至近乎

自相矛盾的一件事，莫過於穆兄會完全清楚龐德文是以色列最堅定的支持者。實際上，穆兄會的動力在於繼續執掌政權，哪怕這意味着要與以色列及其「美國大使」進行和解。

在進入商界後，他與合夥人一道創建了德太投資集團，首次亮相就引起了專家的注意。他購入了美國大陸航空公司價值 6600 萬美元的股份，而這項投資幾年後產生了大約 6.4 億美元的利潤。他就此一戰成名，也因此可以採取更多的行動。之後，德太投資集團先後控制了多家公司，包括瑞安航空、杜卡迪、漢堡王、比亞喬，以及多家半導體生產商。這可以説明他為甚麼會突然對金普斯產生興趣。他在商業上的不屬足很快讓德太投資集團擁有了超過 200 億美元的資產。他的手法被證明非常有效：先控制公司，再重振經營狀況，最後以高價轉手他人，獲取極其可觀的利潤。

很快，他成了億萬富翁，曾以 26 億美元的財富被《福布斯》雜誌評為全球第 595 位富豪。他用資產來滿足自己最瘋狂的激情和最狂野的願望。60 歲生日時，他為自己舉辦了一場滾石樂隊的私人音樂會，據説他為此投入了 650 萬－1000 萬美元。甚至，他在拉斯維加斯兩座最豪華的酒店間搭建了一座天橋，以便他的客人避開好奇的人群。70 歲生日時，甲殼蟲樂隊成員保羅‧麥卡特尼在 1000 多名來客前為他表演，讓他賺足了面子。這些事情被美國媒體廣泛報道。這些報道往往暗含諷刺，因為美國媒體特別喜歡花邊新聞，他們不會放過任何一個機會來曝光本國億萬富翁

的狂妄怪誕行為。

　　偶爾他也會遇到麻煩。公司的重組常常突如其來，不時造成一些損失，有時甚至會導致大量員工被解雇。2005 年 4 月 4 日的一篇報道揭露了德太投資集團業務經營中若干濫用權力的行為，以及由此產生的一些倫理問題。在安然集團破產的消息登上媒體頭條之際，德太投資集團收購安然集團旗下子公司波特蘭通用電氣的做法在俄勒岡州激起了民憤。德太投資集團企圖強行接管該公司，結果在全美各地引發了異乎尋常的大規模示威活動，許多利益受損的客戶也加入抗議大軍，最終，當地政府嚴正否決了德太投資集團的收購請求。德太投資集團的代表被視為厚顏無恥的「強盜貴族」，被看作「來自得克薩斯的不法之徒」。龐德文後來雇用的一名高管——波特蘭市的前市長尼爾・戈爾德施密特，則遭到了嚴厲的性侵犯的指控：他被控曾與照顧他孩子、當時年僅 14 歲的保姆有過 9 個月的親密關係。2017 年 6 月 14 日，在優步公司董事會的一次會議上，龐德文因發表被認為有性別歧視色彩的言論而被迫辭職。他在評論女性加入董事會時這樣說：「實際上，這只會讓董事會變得更加饒舌而已。」而在「Me too」（我也是）運動在「山姆大叔」的國度興起之際，這種言論來得實在不是時候。

　　但所有這一切我當時並不清楚，或者說我無法事先預料到……

　　當時，這名東道主表現出的人際交往能力給我留下了深刻的印象，我完全沒料到此後會上演的劇情。在我面前的是一位 50 多

歲、身材修長的高個子男人。他面部表情稍顯僵硬，目光卻很有
生氣；衣着十分普通，穿着他在任何場合下都會穿的標誌性淡粉
色襪子。談話氛圍輕鬆、積極而友好。桌面上擺着各式小蛋糕和
奶酪。龐德文對我不吝溢美之詞，稱極為欽佩我那堪稱典範的企
業家生涯。

　　龐德文表示非常高興能和金普斯達成交易。與此同時，他將
魅力攻勢提升到了最高級別。他自豪地帶我參觀他的府邸，將他
年輕的妻子介紹給我，他還誇耀地説他能和自己年幼的兒子在阿
斯彭白雪皚皚的坡道上一同滑雪。他提起了自己在航空運輸領域
進行的大量投資，以及與比爾・克林頓政府高層的關係。他跟我
套近乎説：現在，我們之間的聯繫也建立起來了。當時，我不禁
自問了這樣一個問題：過去，德太投資集團總是 100% 收購陷入
困境的公司，重振經營狀況後再高價出售以獲取巨額利潤。叵就
這次投資來説，金普斯的發展欣欣向榮，利潤可觀，增長顯著，
德太投資集團「僅僅」收購了其中 26% 的股份，這確實不太符合
他們通常的選擇標準和做法。

　　不過，我仍然放眼未來，與龐德文討論了接下來要採取的措
施，特別是未來的上市計劃。龐德文表示他不會成為金普斯董事
會成員的候選人。他會把這一職責交給他的合夥人埃布爾・哈爾
彭和比爾・普賴斯。在我離開之際，他以一種吐露隱情的語氣在
我耳邊低語：「馬克，我之所以會在商業上取得成功，是因為我從
不相信任何人，包括我那年輕的妻子。」

　　難以想像，這話是從這種級別的企業家口中說出來的。聽了這句話，我不由得感覺有些尷尬，我告訴自己，這人必然是個不怎麼幽默也不近人情的傢伙。

世界正等着我們去開拓

20 世紀 90 年代，金普斯的業務開始騰飛，營業額從 1992 年的 8900 萬美元增長到了 1995 年的 3 億多美元。公司在意大利、英國和德國新設了銷售代表處以支持當地業務的發展。1992 年，我們在西班牙、智利和阿根廷增設了銷售代表處；1993 年，我們的業務擴張到了加拿大、日本和澳大利亞；1994 年，我們進駐了委內瑞拉；到 1996 年時，公司已經在中國香港、巴西、俄羅斯、波蘭以及其他市場設立了銷售代表處。

1995 年全年，金普斯生產了超過 30 億張電話卡和超過 1.2 億張用於移動電話的 SIM 卡，這説明我們在競爭激烈的市場中已成為無可置疑的領導者。同年，金普斯完成了首次收購，將 Datacard 在美國和歐洲的磁條卡生產設施收入麾下，從而實現了組織結構的擴張。

1996 年，金普斯在墨西哥投建了一家工廠用來生產電話卡，

這家工廠將為龐大的南美洲電話市場提供服務。

我於 1997 年卸任金普斯首席執行官，只保留公司董事長一職。我將自己的工作重點放在了尋找新的戰略收購機遇上，例如 1997 年我們對奧地利 SkiData 公司的收購。1998 年，公司先在加拿大蒙特利爾設立了一家重要的研發中心，服務北美市場。隨後又在矽谷（更確切地說是在加利福尼亞州的雷德伍德城）成立了北美總部。

直至 20 世紀 90 年代後期，金普斯一直在不斷研發新產品和新技術，例如支持改編程序的 GemClub 卡、同時兼容 AMPS（高級移動電話系統）和 GSM 兩種移動電話標準的 SIM 卡、晶片卡讀卡器 GemCore 以及網絡服務安全平台 GemSAFE。金普斯還同 Visa 國際、太陽計算機系統公司和其他企業合作，參與設計開放平台的 Java（計算機編程語言）晶片卡。

金普斯的營業額在 20 世紀 90 年代的最後幾年大幅增長，從 1997 年的 5.83 億歐元增長到 1998 年的近 6.7 億歐元，並在 2000 年突破了 10 億歐元大關。2000 年，公司在新加坡進行了一項重大投資，並與微軟和戴爾公司建立了戰略合作夥伴關係，將晶片卡讀卡器和軟件集成到計算機系統中。

2000 年底，金普斯的營業額超過了 13 億歐元，成為晶片卡領域的全球領導者，控制着全球 40% 以上的晶片卡市場。同年，公司成立了自己的風險投資基金公司 GemVentures，向從事晶片卡業務的初創企業提供投資資金。

　　德太投資集團超 5 億美元的投資使金普斯得以在短期內完成多項收購，由此實現了業務上的部分轉型升級，過去單純依靠晶片卡生產業務的金普斯如今能更好地從事晶片卡新技術、軟件和相關系統的開發工作。金普斯先後收購了提供電子交易安全系統的 Celocom 公司、專門研發軟件的 SLP Infoware 公司，以及蘭迪斯－吉爾通信公司旗下經營晶片卡業務的 ODS－蘭迪斯－吉爾公司。

　　金普斯成功實現了在巴黎泛歐證券交易所和紐約納斯達克證券交易所掛牌上市的目標，讓公司早期的風險投資者能夠變現，收回一部分投資資金。

　　金普斯信心滿滿地進入了 21 世紀首個 10 年，不少全球觀察家和分析家預測，公司的營業額在 10 年內可能會達到 100 億美元。

征服亞洲市場

新加坡

現在請允許我以金普斯董事長和近距離見證人的身份向大家介紹年輕的新加坡工程師蔡天逸的故事，特別是他在任職金普斯科技（亞洲）公司的 10 多年間為我們公司作出的巨大貢獻。蔡天逸是在金普斯科技（亞洲）公司成立後不久加入的。下面是他的自述。

一家隱藏在中世紀小村莊中的高科技創業公司

1988 年，我離開新加坡前往法國斯特拉斯堡，在湯姆遜先進研究實驗室擔任研究工程師。湯姆遜集團選派了兩名新加坡工程師前往這個新成立的國際實驗室工作，我便是其

中之一。實驗室的任務是為湯姆遜家用電器公司開發先進的
產品。

這是我第一次前往歐洲和法國，新鮮的工作經歷帶來的
興奮蓋過了對自己完全沒有法語知識的擔憂。湯姆遜是當時
大眾熟知的品牌，也是法國一家主要工業集團的名字。我受
到了很好的照顧並在那邊安頓了下來，此時，我連半個法語
單詞都不會說。

在集成電路設計實驗室進行了兩年的軟件開發工作後，
我開始感到厭倦並考慮更換工作。我和實驗室前主任帕特里
斯談了我的想法，他邀請我在 1989 年底和馬克見面。帕特
里斯早些時候加入了金普斯，擔任公司研發部的主管。

秋天一個陽光明媚的星期六上午，我乘坐的飛機降落在
馬賽普羅旺斯機場。

普羅旺斯美麗的藍天與斯特拉斯堡陰沉的天氣形成了鮮
明的對比。我穿過馬賽市，很快到達了金普斯在熱姆諾的工
廠。帕特里斯原本計劃來接我一道參加和馬克的面談，但他
的太太那天恰好分娩，他只好向我表示抱歉，不能同往了。

馬克·拉敘斯熱情地接待了我。他精力充沛，有着運動
員的體形。他領我參觀了工廠。工廠的地板閃閃發光，一切
整潔有序。全體員工都穿着顏色各異，代表不同工種的工作
服。在領我參觀時，他很自豪地指出工廠是全自動化的，每
週 7 天每天 24 小時全年不間斷地運轉，可以將報廢率控制

在百萬分之一以下。我注意到他能叫出員工的名字，和每個人打招呼，有時還和女工以法式貼面禮問好。整個工廠就像個大家庭，馬克是一家之主，而每個人都在朝着同一目標努力。他告訴我，他的雄心是讓金普斯成為世界上最好的晶片卡公司，並在將來的某一天讓每個中國人都能用上他們的晶片卡。我記得在參觀結束時，他特意強調：「我們的工廠比日本工廠更加乾淨，更加井井有條！」那時，日本被當作世界標準看待。

馬克十分討人喜歡，對公司投入頗多，這無疑讓他與所有員工都建立起了牢固的聯繫。他的熱情打動了他遇到的每個人。我們的討論十分愉快。我對自己說，在金普斯工作會是件很有趣的事。

我把我所有的行李都塞進了自己棕色的雷諾 R5 小汽車，從斯特拉斯堡驅車約 12 個小時到了熱姆諾。1990 年 4 月 1 日，我加入了市場營銷部。該部門由公司創始人之一達尼埃爾·勒加爾領導。公司指派給我的工作是推廣用於自動售貨機和付費電視的晶片卡，以及與剛成立不久的金普斯科技（亞洲）公司進行協調。我的許多年輕同事都畢業於商學院，會講多種歐洲語言。他們負責處理從訂貨到交貨的價值數百萬美元的預付費電話卡合同。一待合同簽訂，公司就會提拔他們管理金普斯駐該國的辦事處，以確保業務發展。這是一支年輕的團隊，金普斯的管理層也為他們提供了經營

業務所需的支持。每個人都鬥志昂揚，心中只有一個目標，那就是為公司爭取更多業務。於是公司的營業額呈指數級增長，晶片卡訂單量十分可觀。

您剛剛讀到的就是蔡天逸這位年輕的工程師加入金普斯前後的見聞。

現在請允許我向大家介紹，他是怎樣在我們征服亞洲的過程中發揮關鍵作用的。

我們是在 1989 年有幸招聘到蔡天逸的。那一年，我們藉着一次偶然的機會和新加坡經濟發展局的代表在巴黎會面，隨後成立了金普斯科技（亞洲）公司。我們立即與新加坡經濟發展局旗下的祥峰投資控股公司成立了合資企業，而祥峰也成了金普斯在歐洲以外最大的股東。

蔡天逸仍留在法國工作，一開始負責與金普斯科技（亞洲）公司駐新加坡辦事處的所有交流與協調事務。新加坡辦事處由我從法國－新加坡研究所聘請的埃里克‧阿爾澤教授領導。

技術交流、市場營銷、晶片卡生產和寄送這類極其複雜的物流工作以及客戶接待工作，都由蔡天逸獨自處理。

巨大的業務量讓他夜以繼日地工作，特別是法國和新加坡之間還存在時差。就這樣，他不論是在技術、市場營銷領域，還是在覆蓋公司所有產品和服務的物流工作方面都鍛煉出了超常的能力。

因為他單身一人，且不像某些年輕同事那樣整晚泡在馬賽的

夜總會裡跳舞，所以他在公司的工作時間長到無人可及。我手下的一名高管來找我，說其中必有蹊蹺，他搞不好是名「間諜」，因此，我們應該對他加以監視，禁止他在夜間和週末進入公司。

但結果是，我發給了他一張胸卡，讓他一週 7 天一天 24 小時都可以進入公司。

我們兩個就這樣建立起了特殊的信任。

因為金普斯的名聲在亞洲得到了迅速傳播，蔡天逸的業務領域也很快就超出了新加坡的範圍。事實上，亞洲許多國家和地區都向我們提出了請求，希望開展技術和市場交流，或是期待能到法國拜訪。蔡天逸對當地語言的精通成了我們的一項重要優勢。

中國台灣

早在 1990 年，中國台灣就對晶片卡技術表現出了極大的興趣。

財金資訊股份有限公司的高級副總裁李女士來法訪問時，就試圖統一台灣所有金融交易中的微處理器卡[①]，想就此項目進行洽談。

此後，金普斯科技（亞洲）公司又拿下了台灣榮電國際集團的招標項目，為台灣的銀行提供晶片卡。這是金普斯在銀行業領

---

① 微處理器卡是晶片卡的另一種稱呼。

域拿下的全球首份訂單。

我們在物流與保障工作中遇到了重重困難：我們必須遠程為不同銀行提供服務，銀行數量眾多而單家批量很少，且常常帶有漢字徽標。

沒有蔡天逸夜以繼日的辛勤勞動，我們絕不可能成功。這次成功後來成了金普斯亞洲業務的重要範本。

我還得到了台灣積體電路製造股份有限公司（以下簡稱台積電）創始人、董事長張忠謀先生的親自祝賀。1987 年他創辦台積電前還在德州儀器公司工作時，我和他曾有過接觸。金普斯和台積電幾乎是同時創辦的。

韓國

1991 年初，三星數據系統公司與我們聯繫，希望我們能供應 10 萬張微處理器卡，以助他們推出國民身份證。

蔡天逸獨自一人趕赴首爾，會見了韓國政府官員、三星數據系統公司高管以及韓國造幣公社的董事長。這次訪問成功地達成了合作協議。

就在這次訪問後，三星的競爭對手 LG 公司也提出希望與金普斯合作，讓我們為他們提供晶片卡。由於和三星已有合作，我們只與 LG 簽訂了讀卡器的供貨協議。三星得知這筆交易後不太高興，因為他們也希望向市場出售讀卡器。

金普斯成功完成了這次項目。這一名為「多元件集成電路」（MCOS）的產品被認為具有很高的安全性，在韓國用於進行身份驗證。

由於這一成就，許多韓國公司尋求與我們就晶片卡的其他應用進行合作，特別是自動售貨機和門禁訪問系統。

我還曾為此與蔡天逸一道，親赴首爾會見我們的業務夥伴。

SIM 卡和移動電話

自 1992 年起，隨着全球移動通信系統這項新的移動電話模式在歐洲取得越來越大的成功，我們的 SIM 卡業務開始向澳大利亞、新加坡和中國香港發展。這項技術也迅速被許多亞洲其他國家和地區採用。

SIM 卡業務是金普斯科技（亞洲）公司一項非常重要的業務，公司的研發團隊一直忙於為亞太地區的電信運營商開發新的服務項目：消息服務、金融服務、各種應用程序和遊戲服務等。

我們的 SIM 卡市場份額實實在在地出現了爆炸式增長，為此不得不招聘大量人員以補充我們新加坡團隊的不足。

日本

同樣是在 1992 年，我們接到了日本電報電話數據公司 600

萬張晶片卡的訂單。困難之處在於我們必須搭載日本電報電話數據公司的 S-Type 操作系統，以確保所有日本運營商間的信號可以互通。此外，我們必須採用以前從未使用過的日本日立公司的原裝晶片，這給我們增加了額外的負擔。

日本電報電話數據公司的技術選擇與歐洲的通常做法差異很大，特別是在通信協議、加密算法和安全管理概念方面，這讓整件事情變得更加複雜。

由於存在語言障礙和時差等問題，我們和客戶在溝通上有很大的困難。但是，在蔡天逸的協調下，我們法國的研發團隊成功完成了所需的大量工作。

金普斯的技術優勢最後得到了日本電報電話數據公司的認可。我們兩家公司由此建立了密切的聯繫與互相的尊重。我和日本電報電話數據公司的董事長藤田史郎先生還曾在東京進行過幾次會面。

會面最直接的結果就是日本電報電話數據公司決定為其一萬名員工配備我們的晶片卡，之後對方又提議讓蔡天逸去他們那裡出差三個月以幫助推廣我們的技術。我們自然是熱情地接受了這項提議。

1993 年，日本電報電話數據公司成功説服日本最大的石油產品經銷商出光集團推出帶有晶片的 Mydo 會員卡，這讓我們售出了數百萬張晶片卡。

在這一系列合作之後，藤田先生接受提議成為金普斯的股

東。不久後的 1996 年，日本電信巨頭國際電話電報公司也決定
投資金普斯，以便更好地在日本以外推廣自家的產品。事實上，
不論是公共電話還是移動電話，日本在電信領域一直沒有推廣晶
片卡的國家計劃。

獲得日本電報電話數據公司和國際電話電報公司兩家如此重
要的工業巨頭的認可，對我們這樣的年輕法國公司來說還是頭一
回。我們在東京開設了辦事處，蔡天逸則當之無愧地成為東京辦
事處的領導。幾年後，他來到倫敦與我共事，與他一道前來的還
有他優秀的妻子和可愛的寶寶……

我們的出色表現給法國政府也留下了深刻的印象。在東京
時，時任法國電信部長曾邀請我共進早餐。一同用餐的還有雷諾
日產聯盟董事長卡洛斯·戈恩以及蒂埃里·布雷東，後者在信息
技術領域有過一段出彩的職業生涯經歷，如今他被任命為歐盟委
員會負責工業、數字、防務和太空事務的專員。

我們會躋身頂尖企業的行列嗎？

實際上，也正是在這些成就之後，我們與中國大陸展開了交
流，我和中國負責電信領域的部長在北京簽署了一項協議，計劃
先在天津合資投建一家大型電話卡製造廠。

古文俊將在下面向大家介紹我們在中國史詩般的發展歷程，
因為他正是其中的關鍵人物。

為中法合作服務 [1]

搭起中法合作的橋樑

1997 年 3 月

1995 年,我被選派到法國巴黎,參與一個中法教育領域的合作項目。當時中國改革開放已經走過了 10 餘年,深圳從無到有發展起來,一片欣欣向榮。我就讀的深圳大學,是當時唯一被納入深圳市政府和巴黎市政府合作項目框架內的大學。後來我作為深圳大學的三位代表之一,被派往巴黎高商做交換生,意在為中法合作搭起橋樑。

巴黎高商的全稱是巴黎高等商學院,作為法國一流院校,國際交流實力名聞天下。學校要求學生除了掌握畢業所需技能以外

---

[1] 本節的作者為古文俊。

還要掌握至少三種語言，法語和英語是基本，還要會第三種歐洲語言，如意大利語、西班牙語或德語。

當時，儘管參加交流項目的中國學生英語成績都很好，例如拿到了不錯的托福和 GMAT 成績，但由於從未在國外生活過，因此英語技能僅限於紙上談兵，更別提會說第三種外語了。我也是這種情況，雖然我大二就通過了大學英語六級考試，但我從未在一個英語國家講過英語，更不用說我自學的法語了。

幸運的是，巴黎高商 80% 的課程用英語授課。為了獲得學分，我在開始的六個月裡，只能白天上英語授課的課程，晚上去學法語。六個月之後，我才開始上法語授課的課程，例如人力資源管理。

一年後，我結束了在巴黎高商的學習，為更好地了解外國公司的運作模式，以及更好地體驗法國文化，我又去了巴黎國立路橋學校繼續攻讀 MBA（工商管理碩士）。

1997 年 3 月的每個星期五下午，按照 MBA 的課程計劃，會有一些法國公司的領導來作經驗分享。有一次，一個留著大鬍子、腹部突出、長得像恩格斯的男人來介紹了一家名為金普斯的高科技公司。公司位於法國南部一個名為熱姆諾的小地方。

這個作分享的人是金普斯創始人之一、物理學博士菲利普·馬埃斯。他之前與馬克·拉敘斯博士共事多年，之後一起創立了金普斯。由於菲利普掌握兩門外語（英語和德語），加之與其他創始人相比，他更平易近人，所以主要由他負責金普斯的國際和外

聯事務。當時，金普斯沒甚麼名氣，又位於法國南部的一個小村莊，因而他的演講並沒有引起當時在座 60 名學生的興趣。

這些學生來自 26 個國家，他們的擇業方向通常是四大諮詢公司、知名投行或世界 500 強企業。儘管菲利普當時介紹說金普斯在過去 10 年業績的平均增長率約為 40%，但幾乎沒人在意。

當時我知道的法國公司不多，那也是我第一次聽說晶片這個術語。後來我才知道，原來插入公共電話亭的電話卡表面那一小塊金屬叫智能晶片。就像半導體行話所說的，SoC（系統級晶片，又稱片上系統）確實像是一台微型電腦，具有計算機的各種功能，例如 I/O（輸入／輸出）、處理器、內存。聽完菲利普的介紹後，我對這項技術產生了好奇心，於是找他問了幾個問題。在討論結束時，菲利普向我發出邀請，希望我加入他們的團隊。

因此，在獲得 MBA 學位後，我收拾行裝，到了法國東南部的熱姆諾，開始了我的晶片之旅。

加入金普斯的第一頓工作午餐

1997 年 7 月

開始一切都很順利，在我進公司之前，金普斯人力資源部就給我在公司附近租了房子，實際上就是公司為剛到法國南部工作的新員工租的公寓。法國雖然不大，但各地的文化習俗甚至口音都大相徑庭，這就導致我這個外國人很難融入這裡的生活。

　　我加入的是公司總部的戰略部門。入職那天，人力資源部的韋羅妮克‧布瓦耶接待了我。

　　她先向我介紹了一下公司的情況，然後給了我一張標號為4007的工作卡，上面帶有一塊金色小晶片，可以用作門禁卡和餐廳飯卡，這實際上就是第一代多功能晶片卡。接着，我就被帶到了一間辦公室，裡面的裝潢算不上奢華但十分簡潔敞亮。一位體型高大、風度翩翩的男人迎面走來，伸出一隻大手跟我握手，並親切地作了自我介紹，之後他便請助手帶我到我的辦公室。後來我才知道他就是公司首席執行官，五位創始人之一，我的直屬上司達尼埃爾‧勒加爾。

　　我所在的部門是一個相對獨立的半封閉區域，靠近總裁辦公室，除了幾間獨立的辦公間外，其他都是開放式辦公區，非常安靜、寬敞。部門人不多，只有五個，都畢業於法國知名商科類和工程師類高等專業學校。

　　戰略部門的工作獨立且保密性強，內容涉及一些戰略性項目，例如公司的整體研發計劃、全球銷售預測和銷售戰略、投資及併購計劃。部門人員工作相對獨立，各自負責自己的項目，同事之間的交流僅限於互相諮詢，這就是戰略部只招高水平、有經驗的人的原因，因為戰略人員必須獨立自主地跟進項目並且要直接向集團首席執行官彙報。

　　我當時才24歲，沒有多少工作經驗，在外企工作的經驗就更少了，一切對我來說都是如此的新奇和令人興奮。當時，我能聽

懂的法語至多佔六成，更別提用法語自如地進行表達了。好在我之前和來自 26 個國家的學生一起學習過，他們的平均年齡為 35 歲，因此我能夠很快融入這樣一個國際化團隊。沒過多久，我便和同事們打成一片，並贏得了他們的信任。

1997 年，金普斯已成長為一家跨國公司，在全球擁有 20 多個辦事處、4000 多名員工。公司內部工作語言為英語，因而沒有給我的工作造成太大困難。對我來說，最大的挑戰是在法國工作以及在全法語環境中生活。但也只有在這樣的環境下，我才有機會近距離觀察、體會、研究法國跨國公司總部的運作情況。

我的第一頓工作午餐是和部門同事一起吃的。為了歡迎我的加入，部門負責人皮埃爾‧萊呂耶斯邀請我一起去熱姆諾當地一家餐館共進午餐。法國人習慣於在午餐時間討論一些無法在辦公室聊的話題。邀請他人共進午餐也是一種尊重和友善的表現，這讓我感受到了法國同事的友好。

工作午餐成了一個難得的互相認識、展現個人魅力的機會。只可惜，第一頓工作午餐就讓我很頭疼。在辦公室裡，英語或許還能幫我應付一下，但現在出了辦公室我就無計可施了。原來我真的是在法國生活啊！那些五花八門的菜名、調味品名、烹飪方式、配料來源等，都是些專有名詞和術語。而且，在工作場合之外，面對四五個人同時講法語，談論各種不同的話題，多變的內容以及過快的語速，讓我變成了一個默不作聲的旁觀者，只能傻呵呵地對着他們笑，因為我甚麼都聽不懂。我立刻感到了巨大的

壓力，這時我才明白，要想融入一家法國跨國公司，必須具備英法雙語能力，不僅要會講法語，還要了解法國文化。而那個微笑白癡的角色，我當了至少一年。在法國金普斯總部工作生活的那段時間，提升了我的文化敏感度。我意識到公司和人一樣都是有文化淵源的。所謂的跨國公司和國際企業只是規模和組織形式不同而已，它們的內核都有文化和民族屬性。

在全球化擴張的過程中，跨國公司不僅要立足於自己的文化根基，而且要了解其他國家和地區的文化，並自覺發展多元文化團隊。金普斯在這方面能夠做得如此卓爾不群，都要歸功於其創始團隊，特別是總裁馬克·拉敘斯博士的國際化視野和開拓精神。公司每年都會在世界各地舉行年會，總部所有部門工作人員、團隊負責人和當地合作夥伴都會參加。幾天後，就會出現金普斯的印度解決方案開發團隊為位於南美洲的西班牙電話公司運營商開發應用程序的新的業務機會。

第一次國際任務

1997 年 9 月

我在實習期的第一份工作是組織金普斯在全球的所有團隊，共同參與一項晶片行業的市場調研。該任務交由我們戰略部執行，可見其重要性。儘管晶片已經發展了近十年，但沒有一家市場調研公司能夠給出一個確切的市場規模的數字，也無法明確各

競爭企業的發展前景和市場份額。此次調研成果在戰略規劃、投資方向、融資甚至確定市場地位方面都起着至關重要的作用。此外，分析結果後來還被包括美國高德納諮詢公司在內的數家知名調研公司引用，並由此誕生了晶片行業調研公司 Smart Insight。

　　這個項目的主要難點在於兩個方面。一方面，我們需要合理設計問卷來收集和分析各種市場信息，這是有一定技術難度的。該問卷要發放給 300 多人，他們主要是金普斯在世界各地的區域銷售負責人，我們需要他們提供包括市場、客戶、產品、數量在內的詳細的數據，最後再分門別類進行統計。這項工作算是半人工大數據工作，當然現在使用自動統計軟件就容易多了。但在當時，單純依靠 Excel 軟件來統計分析並不是一件容易的事，我們必須篩選、歸納、分析近 5 萬條數據才能獲得有用的結果。

　　另一方面，難點是如何調動全球那麼多工作人員共同參與這項任務，並讓他們對這項工作理解到位，保證調研質量。這 300 多人彼此互不相識，而且職級各不相同，我與他們加強聯繫，廣泛交流，使他們和我這個毛頭小夥成了「繫在同一根繩上的螞蚱」。多虧當時的市場部總監，即後來 Smart Insight 公司的創始人兼主編蒂埃里‧斯潘賈德，給予了我們大力支持，任務才得以圓滿完成。

　　這項工作之所以能如此高效、高質量地開展，與金普斯的企業文化密不可分。由於公司發展迅猛，很快成為行業領導者，員工們產生了較強的榮譽感和責任感，而這種情感又促進了公司的

發展。當然，通過這項工作，我看到了公司不同部門之間協同合作的重要性，並認識、體會到參與者所創造的價值。

經過三個月的調研及反覆核查，我們終於得出了可靠的數據，金普斯以 42% 的全球市場份額遙遙領先於第二名（28%）。其他調研公司在隨後的調查中基本上都參考了我們的數據。此次數據證實了金普斯獨角獸的地位，而且是法國第一家獨角獸公司。

通過這次跨國任務，我全方位地了解了金普斯公司，包括其在世界範圍內的發展態勢、經營現狀及晶片在每個關鍵地區的開發項目。另一方面，我也藉此機會結識了金普斯在世界各個國家和地區的負責人。在經歷了幾個月的頻繁交流之後，我的工作態度和溝通能力也得到了他們的認可，這為我在總部的工作奠定了良好的人脈基礎。

跨國公司如何進行團隊溝通、技術創新和全球資源共享，決定了其全球運營的效率，從而直接影響公司的競爭優勢和運營成果。在我看來，以下幾點非常重要：首先，統一通信標準，包括使用統一的通訊錄、工作語言和技術規範，統一協調、管理全球通信；其次，應當建立一個高效通用的信息系統，包括用於研發的創新系統，產品開發的管理模式、營銷和促銷體系，財務體系等；最後，應該通過電話、微信、Facebook 等各種交流工具，有意識地加強公司與員工之間的雙向直接交流。視頻會議的發展有效彌補了單向溝通的缺點，同時保證了溝通速度，大大提高了效率。若是沒有視頻會議和在線工作平台，這場新冠肺炎疫情恐怕

將對全球經濟造成更大的影響。

中國代表團來訪

1998 年 3 月

　　由於戰略部的位置靠近總裁辦公室，我們便經常參與接待來自全球的 VIP（貴賓）客戶。作為該部門唯一的中國人，接待中國貴賓自然成了我的分內之事。

　　我入職後的這段時間，金普斯迅速成長，來自世界各地的 VIP 客戶越來越多。為保證迎賓質量，公司設立了迎賓部門和專門負責接待 VIP 的工作人員。

　　最初，中國客戶對金普斯的接待不太滿意。這主要是因為法國公司沒有像中方那樣重視商務接待，而且，由於文化習慣不同，法方領導也很少親自在門口迎接來訪者。通常，助手先將他們帶到會議室，然後公司領導才去會見。中午，公司安排的商務餐更是簡單，所以法方製造的氣氛不是很熱烈。

　　經過多次歷練後，負責接待中國貴賓的人逐漸熟悉了中國人的喜好。另外，每逢中國 VIP 客戶來訪，我都會仔細審查迎接流程，了解負責接待的人員是誰、選擇的是哪一家餐廳、在哪裡安排住宿以及將帶他們去哪裡觀光旅遊等。之後，公司形成了一套專門接待中國客戶的迎賓流程。接待中國客人成了我的工作任務之一。

　　1998 年是中國信息產業發展至關重要的一年。郵電部和電子
工業部合併成立了信息產業部，郵政和電信分離。信息產業部創
立了中國聯通，正式啟動中國晶片「909 工程」，旨在打破美國人
在半導體領域的技術壟斷。

　　1998 年初，春節剛過，金普斯就接待了一個中國 VIP 代表
團，成員主要是半導體行業和與晶片發展相關行業的政企高層。
代表團由電子工業部計算機與信息化推進司司長張琪女士帶領，
隨行人員包括大唐電信集團總裁魏少軍先生、普天集團副總裁徐
名文先生、電信總局副局長倪翼豐先生以及華虹、華大、深圳國
威等集團的高層領導。這些人如今已成為中國半導體行業（尤其
是晶片領域）發展的關鍵領導者。

　　代表團成員中，有一人身形頎長、眼神犀利，他便是國葉集
團董事長，他曾親自去日本會見 NEC 集團的領導，想要將半導體
製造技術引入中國。最終，日本 NEC 集團被成功說服，他們不顧
美國阻攔，同意將 8 英寸 [①] 晶圓製造技術轉讓給上海華虹 NEC 電
子有限公司。

　　美國政府不僅抵制美國公司對中國出口半導體技術，還單方
面通過「長臂法律」阻止中國接觸全球科技、金融、政治等領域
的高端技術。美國不僅是針對中國，對法國等歐洲夥伴國也採取
了類似的抵制措施。在美國實施技術壟斷的情況下，許多充滿愛

---

① 1 英寸約為 2.54 厘米。

國情懷的中國人，包括一些海外華人在內，紛紛行動起來為打破技術壁壘而貢獻一份力量。

為何中國代表團會選擇在這個關鍵時期訪問全球晶片行業領軍企業金普斯？原來，在中國信息產業部的部署下，中國晶片「909 工程」已經啟動，上海華虹 NEC 開始生產 8 英寸晶片。此次訪問展示了中國晶片行業的決心和戰略部署，也吸引了金普斯投資中國晶片行業。

作為唯一一名在金普斯總部戰略部工作的中國人，我抓住了這次機會，迅速調整工作重心，集中力量支持和發展公司在亞洲，尤其是在中國的業務。

金普斯中國本土化之路
1999−2003 年

階段一：晶片卡製造與電信卡本土化

中國晶片計劃，即中國金卡工程的正式啟動，為金普斯在中國的工業本土化開闢了道路。在此之前，金普斯在亞洲設有多個銷售辦事處，如新加坡、日本、中國香港等。產品在法國製造，然後出口到中國。如今，中國政府出台的政策明確支持以市場換技術。同時，金普斯也明白本土化生產的必要性以及中國工業對全球產業鏈的重要價值。

1998 年初中國代表團訪問金普斯後，公司收到了中方一項建

立合資企業的提議，即公司與普天集團旗下一個專門生產電話設備的子公司共建一條電話卡生產線。金普斯將成為合資公司持股比例為 51% 的大股東。其間，普天集團總裁徐名文先生給予了很多有益的指導，他很熟悉 SIM 卡的應用技術和產業環境，也曾到訪過法國金普斯總部。

於是，金普斯開始在中國投資手機下游產品，包括卡片製造和卡片個性化設計生產。生產包括以下幾個基本步驟：晶矽圓製造、組裝卡片、生產卡片、卡片個性化設計生產。當時，中國開始製造晶片卡，有以下幾個原因。首先，當時中國改革開放取得了一些成效，但尚未加入世界貿易組織，還不熟悉國際合作規則，也沒有得到國際廣泛認可。正如大多數歐美跨國公司一樣，金普斯也擔心中國知識產權保護力度不夠。晶片卡的關鍵技術和價值是晶片製造和系統開發，這是具有較高附加值的兩部分，而法國的晶片模塊生產仍有獲利空間。還有很重要的一點是，中國晶片組裝的工業生態系統尚未建立，沒有相關設備和服務；一些重要的生產材料（如晶片組裝帶）仍然受日本和歐洲一些公司的控制，無法直接銷售到中國。當時，金普斯沒有立即將晶片模塊的生產轉移到合資企業來，因為在中國組裝晶片模塊會導致運營成本的提高、質量的下降，而且會遇到一些不必要的技術限制。

轉移晶片卡生產線的進程十分順利。為了加快生產線的建成和投入使用，金普斯決定直接向中國總部發送生產設備。在管理和協調方面，為方便法國總部晶片卡生產線的建立和技術轉移，

公司讓負責總部生產線的弗朗索瓦‧杜普雷斯承擔合資公司生產線的建設和開發工作。我在總部負責計算成本、確定技術轉移價位，與中國合作夥伴就生產線轉移項目進行談判等。其間，要感謝普天集團領導對我的信任。儘管金普斯僅擁有合資公司 51% 的股份，但技術、生產、市場和銷售等方面均由金普斯負責。雙方的相互信任對合資企業的迅速發展至關重要。關於技術轉讓的價格，中方對我們也非常信任。我們提供的生產設備都經過了改裝並擁有金普斯的知識產權，中方合作夥伴也對它們的價值表示認可。另外，金普斯尊重中方的管理意願，在財務和人事管理人員方面給予中方充分的信任。

最終，合資企業的生產線高效、快速地建成並投入運營。這在很大程度上歸功於管理者的能力，也就是剛剛提到的弗朗索瓦的能力。弗朗索瓦不僅是一位有耐心、技術一流的工程師，而且對語言文化有較高的敏感度。他以前在日本工作過，對東方文化比較了解，由於公司裡沒有在中國工作過的員工，因此他被選派到了天津。事實證明，公司的選擇是明智的：他到了中國後，立刻取了個中文名——杜博，並且很快就學會了中文。他不僅能夠在生產線上用中文跟工人交流，給他們作培訓，而且他很快就在與天津合作夥伴的商務活動中熟悉了中國的酒文化。在公司年會上，他還像中國人那樣玩酒桌遊戲，向每個人敬酒。

在短短三個月內，他便開發了一條晶片卡生產線並投入運營，還培訓了操作人員。該工廠的投資回報率堪比法國總部工廠。

他的作為也及時助推了中國市場的快速發展。當時，產品供不應求，電信運營商都得在工廠門口排隊等待，公司輕輕鬆鬆賺了很多錢。在天津合資工廠生產力的支持下，金普斯的晶片卡市場銷量達到了頂峰，並以超過 30% 的市場份額佔據中國市場第一位。

普天集團作為中國主要的電信設備製造企業之一，擁有數十家通信設備製造公司，其主要子公司東方通信引進摩托羅拉的技術建成中國第一條手機生產線，並在其後與摩托羅拉合作成立合資企業。普天集團從中看到了 SIM 卡的市場前景，因此希望通過旗下的東方通信公司與金普斯再次展開合作。除了天津以外，他們希望再在珠海成立一家生產 SIM 卡的合資企業。不過，金普斯已與普天集團旗下的天津電話設備廠成立了一家合資企業，此時若再與該集團旗下另一子公司組建合資企業就有些欠妥當了，因此便婉拒了東方通信公司的建議。但是，東方通信進軍 SIM 卡市場的決心並未因此改變。依靠普天集團在電信市場的巨大影響力，東方通信很快便贏得了 SIM 卡的市場份額，並藉此乘風破浪而後成功上市。

當時，外國公司對中國大型集團下兄弟公司間的競爭關係不是很理解，因為歐美國家有嚴格的法律規定，反對同一集團旗下不同實體公司之間的不當競爭。然而，中國在這些方面還沒有出現太大問題，集團總部一直在鼓勵子公司發展壯大。現在，中國也出台了《反不正當競爭法》來統一規範公司管理，尤其是針對上市公司的管理。

　　跨國公司開展活動不可避免地會面臨地方法、國家法和國際法之間發生衝突的情況。所幸，金普斯擁有一支身經百戰的法律財務團隊，團隊首席是英特爾前首席財務官和總法律顧問。因此，金普斯在拓展全球業務時，充分了解地方特色，尊重當地合作夥伴的要求，同時遵守公司規章制度及其他法律法規，這也是公司能夠快速成長和發展的重要原因。

　　在過去 20 多年的全球化進程中，出現了越來越多的同類型產品、市場和消費者，但是各個國家的法規、國際法和地緣政治卻變得更加複雜。TCL 首次收購法國湯姆遜公司，由於不了解法國《勞動法》而導致併購失敗，抖音國際版被迫轉讓，華為不得不出售榮耀，這些都是地方法規影響全球化活動的經典案例。全球化不是全球公司運營的簡單整合，而是技術創新、人力資源、產品設計、營銷規劃和運營系統不斷優化發展的過程。此外，全球化還要考慮到全球資源和地緣政治環境的變化。

　　除了電信市場上的 SIM 卡之外，晶片卡的另一重要應用是銀行卡。金普斯收購美國 Datacard 公司的全球卡片業務後，又收購了另一家位於珠海的合資企業——金邦達保密卡有限公司（以下簡稱金邦達）。金邦達致力於生產磁條晶片複合卡，同時重視晶片卡的研發和定製，在中國銀行卡市場上長期佔據重要地位。金邦達由金普斯控股 70%，是金普斯所有銀行卡生產企業中利潤最高的一家，極大地提高了金普斯銀行卡業務的整體盈利水平。金邦達的發展，促進了珠海當地經濟的發展，創造了許多就業機

會，也刺激了當地其他產業的發展。

晶片卡的另一主要應用是基於非接觸卡片技術的交通卡。晶片卡製造技術非常多樣化，金普斯使用的是冷膠生產技術，在較低溫度下接合多層 PVC 片並將它們切成標準卡片。這種技術的優勢是，可以減少對晶片的破壞；不足是生產自動化程度低、生產能力比較薄弱。但是，對於產量要求不是特別嚴格、單個訂單數量又比較少的歐洲市場來說，該技術卻是最佳選擇。當時，中國的交通運輸尚不發達，市場容量很大，因此，中國需要高自動化和高生產能力的生產技術。所以，金邦達沒有引入法國金普斯的冷膠生產技術。

金普斯開始進行非接觸式卡中國本地化生產的另一個契機，是與上海儀電控股（集團）公司的子公司上海浦江晶片卡系統有限公司的合作。那個年代，上海是智能交通發展重鎮，有好幾條地鐵和綿延數百公里的高速鐵路即將開工建設。此時，上海儀電控股（集團）公司派團隊來到法國熱姆諾，邀請金普斯去上海聯合生產非接觸卡。不巧的是，金普斯正與金邦達討論在珠海再建一條非接觸式卡生產線，對於建立新的合作夥伴關係並不感興趣。因此，上海浦江晶片卡系統有限公司不得不獨自發展，而金普斯也失去了在中國拓展非接觸式交通卡業務的機會。

階段二：個性化數字服務和本地化軟件開發

由製造晶片卡延伸出的開發個性化數字服務，是生產企業維

護客戶必不可少的手段。將密碼或交易流水等個人身份數據與卡片綁定，一張信息空白卡就能變成一張個人定製卡。這一功能的產生源自 PVC 卡中的 SoC 晶片，這張卡片相當於一台微型電腦，可以進行安全身份驗證，保護交易信息，實現其他智能功能，為開發大數據提供了可能性。如今，個性化數字服務已成為信息基礎架構不可或缺的一部分。

此後，SIM 卡個性化定製不斷發展：在工廠進行卡片個性化製作，然後送到電信運營商的不同銷售點。為滿足中國客戶需求的緊迫性和高效性，公司認為有必要創建本地化團隊，因此在北京成立了軟件開發團隊，幫助運營商定製個性化 SIM 卡。比起軟件，中國客戶更喜歡硬件，因為硬件產品更容易銷售，而軟件通常被認為是一種服務，很難確定其成本和價格。於是，金普斯便在銷售合同中，把軟件作為購買 SIM 卡的附加服務，來適應中國客戶的喜好。

許多外國軟件公司發現在中國很難取得成功，主要是因為它們面臨着兩個挑戰：既需要開發本地化軟件，又需要通過 SaaS（軟件即服務）來支持軟件在當地的使用。

銀行晶片卡的個性化設計更注重安全性能。客戶確認開卡後，銀行將收集到的有關信息通過安全渠道發送到經生產安全級別認證的個性化中心，這個過程的安全級別可與鈔票生產相當。這也很容易理解，因為銀行卡是鈔票的數字載體，是一種支付媒介，安全性要求自然等同於鈔票。

多年來，金邦達作為銀行卡行業領導者，自然受到了各家銀行的信任。在此基礎上，金邦達成立了個性化中心。該中心獲得了銀聯、Visa 和萬事達的企業認證，成為亞洲最大的晶片銀行卡個性化中心，每年發卡量超過 10 億張。

金邦達的業務飛速擴展。除了銀行卡，它生產的社保卡和交通卡也佔有重要市場份額。金邦達若想在市場上獲得更多的資源就得上市。儘管金普斯持有金邦達公司 70% 的股份，但該公司由中方合夥人管控。當時，金邦達在金普斯集團所有銀行卡生產企業中利潤最高，它的利潤額已整合到早已在歐洲上市的金普斯集團的賬戶中了。為了幫助金邦達在香港上市，金普斯將部分股份轉讓給了中國合作夥伴。這是金普斯努力開拓公司業務，又大力扶持當地企業發展的經典案例。

隨着晶片卡在各個行業的普及，收集、開發和應用大量個人數據傾向於用晶片來完成，這體現了晶片的「分佈式計算」特點，即後來「雲計算」的補充，晶片成了當今信息基礎架構的重要組成部分。看到晶片的使用越來越廣泛，美國當局意識到了晶片的戰略意義，因此主動向拉敘斯博士拋出橄欖枝，意圖投資金普斯。

階段三：中國創新與中國晶片

中國的信息技術產業已經從改革開放之初的引入技術轉變為研發技術，到最終制定國際標準。SIM 卡非常具有代表性，因為它緊密地連接了通信和半導體。

　　2000 年 5 月，國際電信聯盟正式發佈了 3G（第 3 代移動通信技術）的三個標準，其中就包括中國提出的 TD-SCDMA（時分同步碼分多址）。大唐電信集團在中國電信發展過程中發揮了重要作用。此外，大唐電信集團還根據中國自主創制的技術標準，向國際電信聯盟以及 3GPP（第 3 代合作夥伴計劃）組織提供了網絡、終端和晶片領域的標準。

　　2001 年初，全球晶片短缺為中國企業發展提供了機會。大唐電信集團總經理魏少軍先生抓住這一機遇，加快開發 SIM 卡晶片，其計算和存儲能力可與幾大主要晶片供應商如三星、愛特梅爾（Atmel）的產品相媲美，但價格卻便宜了一半。由於 SIM 卡是易耗品，它的價格對電信運營商的影響很大，使用大唐電信集團子公司——大唐微電子技術有限公司（以下簡稱大唐微電子）生產的中國晶片，金普斯就可保住其全球領導者的地位和盈利水平。金普斯沒有理由不使用中國晶片。帶着這種想法，魏少軍先生信心滿滿地與他的整個團隊來到金普斯總部與菲利普·馬埃斯博士會面，希望成為金普斯的晶片供應商。

　　從市場角度來看，這個想法是合理的。不過，美國德太投資集團在 2000 年投資金普斯後，想把金普斯總部從法國遷至美國。由於受到工會和金普斯創始人的阻攔，最終總部被遷至盧森堡。德太投資集團在技術、運營和供應鏈方面投入了大量精力，聘請精英把守重要職位，因此金普斯的話語權主要掌握在他們手裡。由於受到美國人的反對，大唐電信集團與金普斯在中國晶片生意

上的合作不得不以失敗告終。

但是，中國發展技術的決心絲毫沒有因為外界的傲慢與偏見而動搖。魏少軍先生發現，短時間內，想憑藉價格優勢在全球推廣中國晶片不太可能。而且，他們也無法立刻全面加入全球晶片產業鏈，因此他們決定採取階段性策略。大唐電信集團的戰略調整取得了巨大成功。通過使用自己生產的晶片，他們將 SIM 卡的生產成本降低到其競爭對手的一半，降低了電信運營商的購買成本。如今，大唐電信集團成為中國 SIM 卡的領導者，而晶片業務是該集團股價急劇上升的原動力。

大唐微電子 SIM 卡開發的成功具有象徵性意義：這是中國第一款 SoC 晶片，第一款被廣泛使用且擁有中國知識產權的晶片，在中國晶片設計行業中樹立了榜樣並發揮着重要作用。

在本土化生產非電信卡方面，除了金邦達生產的銀行卡和社保卡外，金普斯在中國市場上未取得理想的成績，原因有很多，包括內部原因和外部原因。

金普斯的內部原因如下：首先，公司全球業務集中在電信卡上。晶片的其他應用市場尚處於起步階段，銷量還不是很大。其次，公司不了解晶片本土化對中國的重要性，無法提供能夠滿足中國客戶需求的產品。這些問題在德太投資集團投資金普斯後變得更加突出。在德太投資集團投資金普斯後，以拉敘斯博士為代表的公司創始團隊與德太投資方之間產生了多次激烈衝突，問題因而變得更加嚴重：金普斯內部管理出現混亂，管理團隊凝聚力

下降，不再集中力量求發展，公司前景堪憂。更嚴重的是，拉敘斯博士受到排擠並最終離職。

外部因素或許更為重要，就是中國產業發展異常迅猛。在中國金卡工程小組的領導下，晶片在中國多個領域得到了廣泛應用、晶片生產得到快速發展。特別是在身份證和社保卡應用方面，中國走在了世界前列。而這些晶片的應用需要公司了解客戶需求，遵守該國法律。

晶片卡在中國國內的創新應用帶來了供應鏈和相關價值鏈的結構調整，催生了大唐微電子、中電華大、北京華虹以及其他眾多在晶片設計、模塊組裝、安全算法和晶片用途開發系統等領域的創新型中國企業。

中國國家政策對產業的支持力度和中國的內部市場環境，對一個產業的形成以及相關企業在全世界的發展至關重要。沒有中國政府對移動通信技術的支持，中國的相關產業就無法發展。許多中國公司諸如華為、大唐、聯芯、海思、展訊、芯訊通、上海移遠和廣和通等，都是多虧了 3G 才湧現出來，得益於 4G（第 4 代移動通信技術）才強大起來，有了 5G（第 5 代移動通信技術）才成為行業領導者。這些成就都要歸功於龐大的中國市場和政府在創新產業方面的政策支持。

競爭對手的崛起，全球市場競爭的加劇，尤其是公司股東之間的內部衝突，給金普斯帶來了前所未有的打擊。後來金普斯被迫與雅斯拓（2004 年市場排名第二的法國晶片製造企業）合併，

之後也整合了兩家的中國業務。

2013 年，金邦達在香港聯合交易所上市為公司的發展提供了更廣闊的空間，金普斯仍是其第二大股東。

隨着大唐電信、東信和平科技、恆寶股份、大唐微電子、北京華虹和中電華大等晶片設計公司的崛起，以金普斯為代表的外國公司已逐步退出中國舞台。2000 年，德太投資集團投資金普斯之後，公司股東之間的矛盾尖銳起來，我於 2003 年底離開金普斯，並應魏少軍總裁的邀請加入了大唐電信集團。之後，我便投身於中國的科技創新浪潮。

一步步跌落「美國陷阱」

德太投資集團投資金普斯實為全面控制

1989年，金普斯在華盛頓開設了辦事處，但美國市場接受新技術的過程比較緩慢。幸而在1991年，公司成功與懷俄明州政府合作，為其生產健康卡，打開了一點市場。

儘管如此，由於美國移動電話行業疲軟（美國使用的不是通用的 GSM 標準），加上美國銀行業不願放棄他們傳統的磁條信用卡技術，金普斯在美國的發展受到阻礙。

我和我原來的管理團隊都很清楚，德太投資集團短期內的目標不是幫助金普斯進入巨大的美國市場，擴大公司規模（如其最初投資時承諾的那樣），而是要完全控制金普斯。

德太投資集團使出渾身解數，甚至為此不擇手段。

在德太投資集團的領導下，金普斯採取了總裁輪換制，幾年

來換了四位首席執行官。部分改變是合理的，但公司因此首次出現了業績下滑的情況，這預示着公司可能要裁員。

在這種情況下，我與公司大股東——龐德文代表的德太投資集團，發生了正面衝突。

當另一位大股東匡特家族也站在德太投資集團一邊時（出於歷史原因，還與 CIA 有關，之後再作解釋），我終於被迫放棄掙扎，於 2002 年從董事會辭職。之後，德太投資集團擁有了絕對話語權，任命了美國人亞歷克斯·曼德爾為首席執行官。

對於這一任命，有人表示反對，認為公司正試圖把戰略重心轉移到美國，甚至有人認為這是一次商業間諜活動。

實際上，後來發生的很多事都印證了這些觀點，但在這之前一切都是不可預測的。

亞歷克斯·曼德爾上台

亞歷克斯·曼德爾是奧地利裔美國人，曾任美國電話電報公司總裁以及 CIA 風險投資機構 IN-Q-TEL 的董事會成員，2002 年 9 月，被德太投資集團任命為金普斯的首席執行官。

曼德爾也是 BENS（美國服務國家安全的商業主管組織）的成員。BENS 匯集了來自美國安全和國防領域的商業領袖，還有 CIA 代表和情報特工，龐德文也是成員之一。除此之外，曼德爾還是新保守派美國企業研究所的董事會成員。

然而，當曼德爾以首席執行官的身份與金普斯董事會成員見面

時，他的上述身份並沒有出現在他的簡歷中。他後來的藉口非常
隨意且令人難以置信：都怪美國招聘公司的秘書不小心「遺漏」
了他簡歷中的一行字。偏偏就是那一行字特別提到了他與 CIA 的
關係。

之前，我面試他的時候，他很謹慎，沒有提到任何與 CIA 相
關的事。

順便說一句，Facebook 的第一批投資者中就有 IN-Q-TEL，
這是不是很有趣？間諜活動無孔不入。

貝恩諮詢公司的角色

貝恩諮詢公司（以下簡稱貝恩）主要為一些大型公司的首席
執行官和某些州政府提供管理諮詢服務，涉及的問題有：私募股
權投資、公司戰略、財務、安全政策以及一些「敏感」問題。

眾所周知，作為最神秘的戰略諮詢公司，貝恩曾被稱為「20
世紀 80 年代諮詢界的克格勃（蘇聯情報機構）」。

而且，在金普斯任職的大部分（或者全部）德太投資集團的
代表都曾在貝恩接受過培訓。

此外，德太投資集團還委託貝恩向金普斯管理層提供若干戰
略建議。然而，大多數建議都沒有被金普斯法國員工所接受，例
如出售 SkiData、停售電話卡。

他們還反對我提出的金普斯－銀捷尼科合併計劃。該計劃的
目的是讓公司業務覆蓋全球所有銷售點的支付終端。

在電子交易中，金普斯有鑰匙而銀捷尼科有鎖，多好的機遇啊！

他們也反對我計劃的另一個項目——收購美國科進國際公司（以下簡稱科進）。該項目已就財務狀況進行過談判。科進是美國加利福尼亞州的一家年輕公司，它由我的朋友謝明創立，工程師團隊都是在美國留學的中國人。如今，科進已經成為全球數一數二的處理生物識別大數據庫的專家，其成果在安全方面應用廣泛，如護照、安保、門禁。而且，他們同意加入金普斯。但對於美國政府及貝恩的諮詢師來説，眼睜睜看着我們法國公司搞戰略活動，顯然碰觸了他們敏感的神經。

貝恩與 CIA 和 NSA（美國國家安全局）在許多對外問題上合作緊密，這一事實早已人盡皆知。

貝恩的現任總裁是奧里特·加迪耶什女士，她生於以色列，是以色列國防軍將軍的女兒，後加入了美國國籍。她還曾在以色列國防軍副參謀長辦公室任職。

在一次世界經濟論壇的採訪中，她的介紹詞僅為「服務於以色列情報部門」，即摩薩德。這一介紹真是不能更少了！

滑稽甚至令人震驚的是，法國政府最近委託貝恩幫助其擺脫新冠肺炎疫情的困擾。值得警惕的是，雖然貝恩慷慨地表示願意向法國提供免費服務，但它們也因此獲得了一些將來可以利用的數據，難道這些數據沒有價值嗎？

9．11 事件的後果

兩架民航飛機炸毀了曼哈頓世界貿易中心的大樓，這是美國歷史上前所未有的恐怖襲擊事件。

事發後，時任總統小布什立即出台了《愛國者法案》，旨在提高美國執法機關遏制、打擊恐怖主義的能力。

這次事件對國際社會產生了直接影響，西方國家紛紛把加強安全合作提上日程。各國情報局聯合起來（當然也包括法國），並在某種程度上賦予了 CIA 在國際上的無限權力！

因此，法國政府就無力保護金普斯免受德太投資集團的控制，而這正是 CIA 的一個陰謀。

對此，法國對外安全局（法國最大的情報局）的最高官員發表的聲明意味深長：「我們沒有證據證明美國已經控制了金普斯的技術，另外，我們與 CIA 向來關係友好。」這正反映了後 9．11 時期的國際局勢。

然而，2018 年 4 月 7 日，還是這些人卻說出了完全不同的話，他們開始在媒體上公開譴責美國控制法國技術。

可惜，對於金普斯來說為時已晚。

2018 年，特朗普政府通過了《雲法案》（《澄清海外合法使用數據法》）。該法案允許美國人以保護公共安全的名義「攫取」在其他國家或地區計算機服務器上託管的數據。簡言之，他們可以為所欲為。

受到德安華公司的調查？

在一次德太投資集團在美國加利福尼亞州召開的研討會上（我拒絕了與會邀請），一名德太投資集團的高管喝了幾杯後，告訴我的一位法國合作夥伴，說我的好日子到頭了，因為他們已經讓德安華公司調查我了。

德安華公司是美國一家專門從事安全風險調查的公司，總部位於紐約。他們或通過中介，或直接雇用偵探開展調查活動。

或許這就可以解釋為甚麼我和妻子在倫敦出行時總是被人一路跟蹤。當我們回頭時，跟蹤的人會立馬「躲進」電話亭裡。或者趁我們不在的時候，多次「拜訪」我們在倫敦住的公寓，而且奇怪的是，經警方調查，門是從裡面被砸開的。

好幾次，我的電腦和手機遭到了黑客入侵，甚至被盜。

龐德文還委託法國陽獅集團（法國最大的廣告與傳播集團），也就是他朋友莫里斯·列維的公司，調查我的隱私。他們還專門派應召女郎向我的一些熟人，包括幾個記者朋友探聽我的情況。

全球大規模有組織的 SIM 卡入侵行動

2013 年，美國「吹哨人」愛德華·斯諾登向兩家英文媒體《華盛頓郵報》和《衛報》披露了其在 CIA 和 NSA 工作時獲得的機密信息。事發後，美國政府下令以叛國罪逮捕他，當時他身在中國香港，之後立即飛往俄羅斯避難。

據斯諾登披露，國安局聯合電信公司和一些歐洲國家政府，通過 SIM 卡實施了眾多全球性監控項目。

現在我們已經知道，GCHQ（英國政府通信總部）與 NSA 合作之後，成功入侵了金普斯製造的卡片，通過 SIM 卡在許多國家和地區攔截通信信息，比如在阿富汗、也門、印度、塞爾維亞、伊朗、冰島、索馬里、巴基斯坦和塔吉克斯坦。

GCHQ 和 NSA 還聯合起來對日本、哥倫比亞和意大利「金普斯個性化中心」製造的卡片進行窺探。

NSA 和 GCHQ 聯合成立的移動電話運營團隊（MHET），通過入侵金普斯的 SIM 卡，成功攔截和解碼了數十億次通話和短信，這可能是有史以來全球規模最大的一次攔截行動。

此外，眾所周知，國家元首間的通信也未能倖免。甚至，在一次巴黎 G7（七國集團）峰會期間他們的通信內容被公之於眾，逼得德國總理默克爾和法國總統奧朗德一起，在鏡頭前向美國總統奧巴馬提出控訴。

金普斯在全球擁有 11 家工廠、37 家個性化中心，生產數十億張 SIM 卡。尤其是在中國，我們開展業務僅一年半後，就生產銷售了 4.5 億張金普斯卡。也難怪德太投資集團總裁——CIA 和 NSA 的傀儡，那麼迫切地想要控制金普斯了。

今天，我更加堅信，金普斯在中國大獲成功是美國人加速收購金普斯的決定性因素。

美國人知道，控制了金普斯的技術（尤其是我們的獨家數據

庫），就等於掌握了數十億用戶的信息，這可比斯諾登公開 NSA 醜聞早了 13 年！實際上，當時的電信運營商和銀行機構都沒有管理持卡人個人數據的技術能力，因此卡片個性化、密碼管理、特定軟件安裝、後台分配等活動都是由金普斯個性化中心完成的，因而，可以說這是一項重大的戰略活動，而且，它的利潤率非常高。

1998 年，克林頓總統和拉丁美洲一個國家的總統簽署了一份協議，然後將這份協議保存在一張經過加密保護的金普斯卡片中。他得意揚揚地在鏡頭前展示，這更堅定了 CIA 和 NSA 控制金普斯的決心。

美國情報部門控制晶片卡是人類史上空前絕後的間諜手段。

其他一些意外和打擊

回顧我的創業經歷和金普斯的發展歷史，真是荊棘遍地，波折重重。

2001 年，古巴：這一年，我決定破例給自己放 15 天假，想去古巴待一陣子，因為我喜歡西班牙語和古巴的音樂。

這本來是一次私人自費旅行。但當金普斯拉丁美洲區總監貝特朗．穆塞爾得知我要來的消息後，專程從墨西哥趕來見我，同時還邀請了古巴通信部長。

其實這只是一次禮節性的會面，我們並沒有談任何商務事宜。當時，我的長子布魯諾在金普斯位於矽谷紅木城的美國總部工作。他告訴我，他的一位年輕律師同事秘密警告他，公司正在

對我進行內部調查，因為我違反了美國對古巴的禁運令！

我對此大為吃驚。

事情是這樣的，古巴為了測試哈瓦那和巴拉德羅之間高速公路收費站的工作狀態，向我們訂購了 21 張金普斯卡。毫無疑問，我本人對此一無所知。畢竟，我們的晶片卡全球銷量數十億，我不可能了解每一筆訂單。這些卡本來是從墨西哥庫埃納瓦卡的工廠發貨，然後運往古巴的，而且文件中顯示，這是由我正式批准的。

實際上，墨西哥與古巴，以及西班牙和其他拉丁美洲國家與古巴之間沒有任何貿易限制。況且，古巴實驗室購買的都是經這些國家過境的美國信息技術設備，所以，這批貨本來是合法的。

但是對於金普斯，尤其是對我來說，問題在於：

儘管這 21 張來自墨西哥的晶片卡是合法的，但是，由於技術原因，塑料卡托是在美國明尼阿波利斯的工廠印製的，所以說這些卡確實來源於美國，因而也就證明我們違反了美國的禁運令。我是公司的董事長，又去古巴旅行，因而一切矛頭都指向了我！

為了解決這個問題，我採用了橄欖球比賽中慣用的暴力方式 —— 抱大腿戰術①，我威脅公司內部和美方調查人員要向國際新聞界揭露相關事實。此外，我發誓再也不會踏入美國半步，免得像阿爾斯通的弗雷德里克·皮耶魯齊那樣，在紐約一下飛機就被監禁。

---

① 橄欖球賽中抱住對方持球隊員的腿使之摔倒。

匡特家族回歸：德太投資集團入駐金普斯之前，匡特家族是最大的股東，持股 20%。匡特家族不僅控股寶馬，還在化學和能源領域進行各種投資。

我和這個家族關係還不錯，認識家族中的幾位主要成員和他們的顧問。但我一直不知道的是，從二戰結束以後，匡特家族就一直受 CIA 的掌控。所以，美國最終控制金普斯，是早有預謀的。

二戰結束之後，在德國紐倫堡審判中，京特·匡特並不擔心自己會像其他大多數工業同僚那樣被絞死，因為他的地位十分重要。在他的支持下，美國人和英國人能夠使用他的技術和工廠，特別是 CIA 還讓他在蘇聯控制下的民主德國佈下網絡。他還幫助德國科學家「中立化」，方便他們去幫埃及總統賈邁勒·阿卜杜勒·納賽爾研發攻打以色列的導彈。

之後，京特·匡特通過發展寶馬汽車和包括瓦爾塔蓄電池在內的其他產業來恢復事業，成為一名出色的實業家。

德國女首富，也就是京特·匡特的孫女蘇珊娜·克拉騰，在我管理金普斯期間，曾來參加過幾次董事會，為人十分友好。可惜 2008 年，發生了一件不幸的事，她被「瑞士舞男」（也就是她的情人）勒索。此人聲稱自己是猶太人，還假惺惺地宣稱要為在匡特工廠死去的猶太人報仇。

當時，在德國，這是一件令人震驚的醜聞事件。

匡特家族一直受到美國的控制，而且因為他們在美國有汽車製造廠，也不得不對美國獻殷勤！

我後來在金普斯受到排擠，終究和匡特家族的態度反轉，或者説他們和 CIA 互相勾結脱不了干係。他們早就串通一氣，通過 CIA 遠程操控，最終讓金普斯屈服於德太投資集團的統治之下，如今一切都變得明朗了。從他們投資金普斯的第一天起，美國的地獄機器就開始運轉了！

墮入地獄：在這裡，我建議讀者朋友們去閱讀本書的法語版 La Puce et le Morpion，它對許多情節都作了詳細介紹。

簡言之，我甚麼都不在乎了，我的所有財產都被沒收了，我落入了德太投資集團精心策劃的巨大陷阱，繼而被我的國家落井下石——法國讓我跌落得更深。

2006 年 1 月，法國公權機構和金融市場管理局（AMF）狼狽為奸，從中作梗。

2007 年 6 月，我被金融特警隊拘留，隨後被送到法官聽證會（2008 年 3 月），接着被檢察院提起公訴，之後我又被移交到輕罪法庭，最後被上訴法院判為不予起訴（2011 年）。法國恐怕還要花上五年時間才能證明我的清白。看到法國被「美國碾軋機」操縱，真是讓我感到恥辱啊！

我唯一的欣慰是，金融特警隊的調查人員告訴我，他們早就知道我不是犯人而是受害者。財政部的官員和金融市場管理局的人串通一氣，決心要置我於死地，他們要罰我一筆巨款，金額是我 3/4 的退休金，而我要到 68 歲才能退休！鑑於我的資產已經被沒收，我要到臨終前才能交完罰款。

致命一擊

2001 年 12 月 19 日，華盛頓會議

另一件讓我感到欣慰的事情是看到《華爾街日報》兼彭博新聞社（以下簡稱彭博社）主編詹姆斯 · 普萊斯利發表的文章，標題為《馬克 · 拉敍斯是如何被龐德文和德太投資集團從金普斯踢走的》。

詹姆斯 · 普萊斯利是一位受人尊敬的新聞記者，曾兩度獲得著名的普利策新聞獎。

他的言論被發表在彭博社的內部文件上。彭博社作為美國最大的財經資訊公司，專門為金融從業人員提供實時行情和金融資訊。此外，作為新聞機構，彭博社還擁有自己的媒體平台（電視、廣播、新聞、互聯網和書籍），其中最著名的或許是彭博社的有線／衛星電視頻道。彭博社成立於 1981 年，目前在 130 多個國家和地區擁有 1 萬多名員工。其創立者是邁克爾 · 布隆伯格，他曾

連續 12 年擔任紐約市市長（2002－2013 年）。

　　以下是該篇文章的原文，講述的是 2001 年 12 月 19 日龐德文非法在華盛頓召開董事會的情況。龐德文實際上並不是金普斯董事會成員，但他卻在任意指揮多數股東。這種人竟然可以逍遙法外！

　　下面我們一起來看一下這篇文章：

　　　　2001 年聖誕節前幾天，馬克・拉敍斯剛剛從洪都拉斯附近海域潛水回來，結束了他短暫的假期，卻突然靈夢般地被困在了華盛頓郊區波托馬克河邊的蘭斯當度假酒店。

　　　　身為法國晶片製造商金普斯的董事長，拉敍斯擔憂他到達華盛頓杜勒斯國際機場時會面臨大麻煩，因為公司未經他許可就召開了董事會。他到達邁阿密機場的時候收到董事會的傳真，才得知此次會議的目的是將他逐出公司。

　　　　「甚麼，要開了我？」64 歲的拉敍斯想，「這可是我創立的公司啊！」的確，在短短 14 年時間裡，拉敍斯把五個法國工程師的最初夢想打造成了一個實實在在的全球帝國，如今金普斯通過生產裝有微處理器的塑料卡──晶片卡，年銷售額超過 10 億美元。他們生產的這個小東西用途可不少，從美國海軍的身份識別徽章，到歐洲和中國的手機，再到薩爾瓦多的駕駛執照，都離不開金普斯的晶片。

　　　　現在，僅持股 26% 的投資者竟然要把他踢出董事會！

這位有爭議的投資者，就是德太投資集團。這是一家私人股權投資公司，由 59 歲的龐德文領導，他曾是一名律師，20 世紀 80 年代開始，他為億萬富翁德克森·羅伯特·巴斯進行槓桿收購，並因此發家。

12 月 19 日上午，拉敘斯從蘭斯當酒店房間下樓去參加股東大會，結果，一打開會議室的門，他發現滿屋子都是律師和記者，還有德太投資集團的發言人歐文·布利克西爾弗，當然還有龐德文等人。桌子上放着好幾份備選的公文草稿，而旁邊的打印機還在運轉。而且，金普斯的整個管理團隊也特地從法國趕來了。後來拉敘斯說：「當時那個會議室就像是一個擠滿蜜蜂的蜂巢。」

原定於上午 7 點半舉行的董事會未能按時召開，最終推遲到下午。奇怪的是，拉敘斯和其他參與者都提到是龐德文召開的董事會。

出席會議的法國風險投資基金董事長艾倫·格林表示：「拉敘斯的對面是行刑隊，只要龐德文一聲令下，他們就會扣動扳機。」

應該再次強調一下，本次會議的發起者龐德文甚至不是董事會成員！

在會議結束時，拉敘斯被免去董事長職務。他只在董事會剩下一個席位，而且條件是不得與其他領導者、員工以及員工代表有任何交流（如在美國股票市場監管機構簽署的協

議中所述）。金普斯首席執行官安東尼奧・佩雷斯也被迫離職。英國諮詢公司的老闆羅恩・麥克・因托什被任命為臨時首席執行官，德太投資集團持有該公司 56% 的股份。另外，得益於德太投資集團的成員以及包括匡特家族在內的一些盟友的支持，龐德文贏得了一個董事會席位。

本文的來源特別值得關注。作者詹姆斯・普萊斯利工作的地方是美國權威機構的核心殿堂，而這些機構是美國成功資本主義的權威代表。

普萊斯利竟然知道我受欺凌的整個過程，對此我感到難以置信！他像幾年後的愛德華・斯諾登一樣，如此勇敢地、毫不猶豫地揭露了美國對我和金普斯的所作所為。

回到法國後，我向另一位記者吐露心聲：「當時對我來說，發現有人排除萬難、不顧一切地披露事實的真相，表達對我的同情，讓我感到極大的寬慰。」

第二天，即 2001 年 12 月 20 日，由德太投資集團通訊社撰寫的新聞公告從盧森堡發出，確認了前一天在華盛頓召開的董事會上作出的決定。公告還宣佈匡特的代表哈索・馮・法爾肯豪森回歸金普斯。他不僅取代了安東尼奧・佩雷斯的位置，同時還擔任了董事會主席，也就是我以前的職位。

這一切都坐實了德太投資集團和匡特家族狼狽為奸的事實，因為這關係到匡特家族擁有的寶馬和 Datacard 在美國的利益。我

225

們必須承認，在許多情況下，美國政府懂得如何施加各種壓力並實施勒索。即便是在今天，我們依然看到特朗普政府通過一些報復性政策打壓其他國家的行動。同時，或許出於偶然，Datacard公司從英國國民威斯敏斯特銀行手中收購 Platform 7 之後，原本與金普斯潛在的競爭關係完全公開化了。

正如彭博社記者調查揭露的那樣，斯特凡·匡特甚至在我剛被免去職務後兩天，即 12 月 21 日，就給六位金普斯股東發電子郵件說：「我明確地跟德太投資集團的人講，在過去 18 個月中，是他們的所作所為讓金普斯陷入危機！」他假惺惺地這麼做，很有可能是為了打消外界的懷疑，即 CIA 長期控制匡特家族的活動，尤其是控制匡特在美國的活動。

龐德文的軍團有點擔心他們的行為會引發法國政治或者金普斯工會的動盪，龐德文再次展示了其擅長的施壓伎倆：

——他甚至沒等會議結束，就打電話給南法地區區長伊馮·奧利維爾，告知他我被免職的消息，並向他保證公司局勢已經穩定，他將竭盡全力推動金普斯的持續發展並保障法國員工的利益。

——他還高價聘請偵探來調查我，試圖找到我的弱點。讓一些女偵探假扮成應召女郎套我的熟人和記者朋友的話，打探我是否存在應受譴責的性偏好。他們安排好這一切，都是為了向我發起指控，擾亂我的精神和情緒。傑弗里·愛潑斯坦不就是因為組織未成年少女性交易的指控而自殺的嗎？幸好，我和這個變態沒有任何關係，也沒有接觸他的性交易團夥。

——他還致電塞爾日‧達索，要革新公務機機隊。當然，對他和德太投資集團而言，選擇達索公司生產的「隼」系列公務機是明智之舉。

他不擇手段，為美國可疑組織甚至犯罪分子服務。

德太投資集團還任命了法馬通（法國阿海琺工業集團和德國西門子的合資公司）前任董事長多米尼克‧維尼翁為董事會主席。

龐德文給這個人可觀的薪水，讓他肆無忌憚地行卑劣之事。維尼翁毫不猶豫地向新聞界發表有偏見的和虛假的言論，向政治人物說我的壞話，在我的員工面前公開詆毀我。

有一次我遇見了他在法馬通的兩位前同事，其中一位曾是他的上司，他們特意提醒我要小心這個人，並告訴我了一些他在之前的公司慣用的卑鄙手段。他在法馬通的時候被稱為「內奸」，這可並非無中生有，他為了牟取個人利益竟與本公司的競爭對手勾結。據他們說，阿海琺集團（一家法國核工業公司）成立時，他就「名聲在外」了，因他與德國子公司策劃的雙薪案有關，涉嫌瀆職，後被集團開除。

想到這一點，有人就建議我不要去華盛頓。奈何危機四伏，難以脫身。

華盛頓的這次會議完全是非法的，因為我作為董事會主席，會議理應由我組織召開，而且更匪夷所思的是會議地點是在美國。那麼，當時金普斯律師團隊和董事會成員在哪裡？他們又受到了誰的控制呢？

　　龐德文知道我在中美洲一個與世隔絕的小島上度假，所以選擇在華盛頓開會看起來很合理，因為這似乎對我來說很方便。這次會議決不能在法國或盧森堡舉行，因為那樣我就有機會徵求其他董事的意見，並獲得達索公司等股東們和員工代表們的支持。我獨自一人在加勒比海島上的時候，那些沒事從來不聯繫我的人突然給我發傳真甚至給我打衛星電話，其中就有斯特凡・匡特等人。他們完全聽命於德太投資集團，想盡辦法說服我參加這次會議，這正是讓我落入陷阱的關鍵所在。

　　面對一個過於強大且不知廉恥的敵人，我突然發現自己特別孤立無援。

　　說到我的故事，我們如今似乎習慣於把美國不好的地方都歸咎於特朗普。但是特朗普真的與金普斯事件無關。因為，在這個「金普斯傳說」中，我們所有的麻煩都是從比爾・克林頓上台開始的，並在 2001 年他的「統治」末期達到頂峰。而且，龐德文好幾次跟我炫耀他與「克林頓一家」的親密關係。

　　顯然，美國當局並沒有因為小布什頒佈的《愛國者法案》而輕鬆多少，不但不得安寧，反而到了奧巴馬時期壓力更大，畢竟斯諾登事件正是在那時曝光的。這時，法國政府反而更追隨美國政府，當斯諾登想從俄羅斯前往拉丁美洲時，法國還禁止其飛越法國領土。阿爾斯通事件以可恥的方式結束了，往上一層說，法國政府是個卑鄙的幫兇。可憐的弗雷德里克・皮耶魯齊被關押在美國監獄中兩年，條件惡劣。而法國政府沒有對此進行任何干

預，當然也沒有阻止美國通用電氣公司控制原本由法國開發和資助的具有戰略意義的商務活動。

下面將詳細講述在法國發生的一則可恥事件。在此事件發生之前，金普斯已經有 12 年歷史。在此期間，法國政府也沒有採取任何措施來保護我們公司免受美國的「壓制」。

其他一些可疑的資本主義「行徑」

銀捷尼科事件是一個教科書級的案例，稅務機關和金融市場管理局應該對此進行嚴肅調查。

在這件案子中，艾倫．格林非常可疑。他曾擔任我的顧問和私人財務夥伴，利用我容易輕信他人的弱點（換句話說是我太天真）策劃了一系列可疑的交易，而且還是團夥作案，涉案人員有他的奧地利金融合夥人、他在德太投資集團的朋友以及他在當地的同謀。毫無疑問，在我看來，艾倫．格林與雙面或三面間諜有聯繫。

他之前帶我看過摩薩德特工活動的地方，就在巴黎香榭麗舍大街附近他姐姐的酒店裡，我還在那裡見到了以色列駐聯合國大使，當時，他的女伴向他抱怨自己受制於以色列的一些部門，而他們旁邊就坐着德太投資集團的某些領導人。

2010 年艾倫．格林試圖讓一家美國基金接管銀捷尼科，除此之外，他還非常熱衷於操縱股票市場，參與了很多商業事件，尤

其是一些媒體大肆報道的上市企業糾紛，比如法國奢侈品牌巴卡拉，法國雇主聯合會前主席皮埃爾‧加塔茲的家族企業雷迪埃集團等。

我們被邀請到他位於邁阿密海灘北部阿文圖拉的高級公寓裡做客，我的妻子在翻我公文包的時候，驚訝地發現已經有人解開過我的密碼鎖了，當時我就對他起了疑心。

這是一段值得「稱道」的關係，一個值得「稱道」的「朋友」，不是嗎？

薩基姆案

還有一個變態打擊活動不僅傷害了金普斯，還損害了法國的國家利益，而活動策劃者還是德太投資集團和龐德文。

現如今，薩基姆（Sagem）集團已是法國國防電子和通信領域的領軍公司。該公司還製造其他一些民用器械，如電錶、停車收費錶、電視解碼器和其他無線電話。唯一缺少的就是金普斯的珍寶——晶片卡。有了晶片，薩基姆集團便可以為最終客戶提供全球無可匹敵的解決方案，且所有設備百分之百產自法國。

為了對抗同一個主要競爭對手——法美集團斯倫貝謝，我們這兩大公司就這麼相遇了。

安全領域市場廣闊。薩基姆集團也看好這塊市場，其子公司莫弗安全系統正在開發生物識別程序。同時，金普斯的產品支

持「安全便攜式物品」，其提供的解決方案可以輕鬆集成到門禁系統、交通票證以及各種官方行政證照，例如身份證、護照、駕駛證或選民證。

在銷售和市場營銷方面，薩基姆公司作為系統集成和項目管理（尤其是軍事方面）的專家，業務主要集中在法國。而金普斯90%的營業額來自海外市場。這種互補性再次成為產生雙方收益協同效應的天賜之物。

唯一使這幅「田園畫卷」受損的事情是，銀捷尼科投資金普斯。此事或給薩基姆蒙上了一層陰影。實際上，情況並非如此，經過分析，兩家公司的領域明顯不同。銀捷尼科只專注於電子支付終端市場，而薩基姆主要活躍在電信和安全領域。

在另一個層面上，薩基姆的股東主要來自法國，法國政府通過阿海琺集團和達索公司在薩基姆擁有股份，而且達索在金普斯也持股。此外，薩基姆員工持有公司大比例股份。

20世紀90年代，我經人介紹認識了薩基姆的老闆皮埃爾·福爾，他曾以優異的成績畢業於巴黎綜合理工學院，決斷力過人，多次憑藉自己神奇的能力逢凶化吉。1985年，他出色地完成了有史以來最重要的一次RES（員工收購公司），成功維護了公司的獨立性，這可以說是一次史詩級壯舉。在他的公司，員工持股70%，而且在過去的九年中，他們最初的股價已經翻了十倍，因此員工非常感激他。此人為人忠誠，十分正直，最重要的是，他有獨特的預判力和愛國情懷。

福爾作為金普斯的董事，非常關注公司的戰略活動尤其是國際事務，本來可以在我落難的時候幫我一把，但可惜的是，他於2001年英年早逝。

後來，我找了另外兩個人商討對策，皮埃爾·福爾的繼任者、薩基姆後來的老闆馬里奧·科萊亞科沃及其子公司莫弗安全系統的老闆格雷瓜爾·奧利維耶。這兩次討論促成了兩家公司進軍阿曼蘇丹國和阿聯酋以及之後進軍西非國家和加拿大的聯合行動。莫弗安全系統公司專門研究生物識別領域的後台和集成系統，尤其包括信息錄入這一關鍵功能，即通過車輛上的移動裝置來收錄一國公民的個人數據。因此，這種技術甚至可以在網絡未覆蓋到的偏遠地區使用。金普斯則確保這些生物識別數據在晶片中的裝載、存儲和保護，晶片才是系統的核心。

不過，我們的合作還是出現了一些問題。而且，薩基姆在得知金普斯與科進國際公司有來往後，感到了一絲擔憂。科進是一家在美國加利福尼亞州新成立的公司，迅速成為生物識別數據庫處理領域的領導者。實際上，我確實與這家公司的創始人相交甚好，他是一位傑出的美籍華裔工程師，名叫謝明。很快，美國安全部門便採用了他們的系統，全世界的警察部隊都對他們的產品感興趣。

科進的技術產品能夠在幾毫秒內掃描包含生物識別信息的超大容量數據庫，並從中提取信息，用於甄別邊防哨所或機場出現的可疑人員。隨着世界各地人員流動越來越頻繁，科進的市場前

景一片光明。

我和謝明都希望可以達成合作，金普斯將以一個合理價位併購他的公司，這在戰略和資本上都是一次機遇。意外的是，合併項目立即遭到了美國當局的反對，當然也遭到了金普斯內部德太投資集團代表的反對，他們很明顯要阻止我的計劃、反對我的倡議。

儘管如此，有一段時間，我還是繼續和謝明並肩作戰，他也因此對我心懷感激。在他的陪伴下，我拜訪了倫敦警察局，他們最終決定購買科進的產品。新加坡當局也作了同樣的決定。同時，我的長子布魯諾將加入美國科進團隊，負責國際市場營銷。不久之後，科進公司便在美國上市，很快市值超過數十億美元。本來我們信心滿滿、躍躍欲試地憧憬着與科進合而為一，結果卻沒能成功。畢竟我們不能隨意拿走美國的「金塊」。

無論如何，薩基姆和金普斯的合作夥伴關係仍將繼續。

1999年底，布爾公司由於市場不景氣，急於出售在銀捷尼科的股份，我就順勢買下了這些股份，自此我成為銀捷尼科的大股東。當薩基姆的馬里奧‧科萊亞科沃得知這個消息後，立即聯繫我，試圖拉近我們的關係。但金普斯董事會加入了很多外國股東，而且金普斯剛剛在巴黎泛歐證券交易所和紐約納斯達克上市，所以雙方的合作進展並不順利。

我和德太投資集團的代表在公司裡的關係越發緊張。我怎麼也想不明白這些不請自來的人的真實意圖。但當我想明白的

時候，為時已晚。他們千方百計、處心積慮地謀劃這一切，目的只有一個，就是把我趕走，霸佔金普斯，把法國的瑰寶技術據為己有。想想兩年前，我還心心念念地想着征服美國市場，把金普斯推向國際化高科技公司的舞台。後來，德太投資集團大張旗鼓地到來，成為金普斯發展的轉折點，自此金普斯的發展變得舉步維艱。

現在一切都很明了，德太投資集團的霸權目的很明確，而且不僅僅是精神霸權。德太投資集團扮演 CIA 探子的角色已經不再是秘密。一些法國機構，特別是國民議會，開始意識到一家法國戰略公司的技術要落入美國人的手中了。其中，國民議會議員伯納德・卡拉永就此事發起過激烈辯論。此人具有經濟愛國主義情懷，積極投身工業領域、公共事業，有經濟頭腦，善於做情報工作，還具備信息通信技術領域的知識，因而在國民議會中小有名氣。他逐漸得到了法國當局的支持，當局開始接受他所說的事實。正是在此背景下，法國成立了一個以薩基姆為核心的財團，該財團將實施重新奪回法國控制權的計劃。

時任法國工業部長弗朗西斯・梅爾指示薩基姆收購我以前所持有的股份。該交易立即交由羅斯柴爾德集團的執行合夥人格雷瓜爾・謝爾托克主持。

Salamandre 是一家私人戰略諮詢公司，被認為與法國對外安全局關係緊密，專門研究敏感問題，並以經濟愛國主義的名義行事。在這家公司的倡議下，2002 年 11 月 26 日財團舉行了一次秘

密會議，商討對美發起反攻。與會人員除了薩基姆的馬里奧・科萊亞科沃、格雷瓜爾・奧利維耶、蒂埃里・達索，還有阿海琺的掌權人羅薇中，實際上阿海琺是薩基姆的大股東且由法國政府控股 45%。這場會議由 Salamandre 公司的代表主持。

金普斯的股東蒂埃里・達索作了陳詞：「金普斯是一個衝突集合體，聚集了美國人（德太投資集團）、德國人（匡特家族）和一群法國人。這是三方爭霸的局面，本來就不穩定。我們的行動要出其不意：要從金普斯的資本下手，通過擾亂匡特家族來粉碎德太投資集團體系。如果行動成功，那麼按照德太投資集團的財務邏輯，他們最終會出售手中的股權。」

這樣，達索、阿海琺和薩基姆的聯合行動又把我創建的公司奪回到法國人的手裡。實際上，在政府的壓力下，薩基姆最終是獨自完成這次冒險行動的。在此期間，美國還威脅薩基姆要進行經濟報復，後來此事被兩位與該案件密切相關的公司領導披露。在這個轉折點上，局勢一片大好，公司的財務總監埃爾韋・菲利普堅持向新聞界宣稱，他單純是出於商業動機：「我們的主要目的是和阿聯酋建立夥伴關係，旨在為其提供能夠儲存包括指紋和眼球等數據信息在內的晶片卡身份識別系統。」他還特別強調，此次行動，公司能夠以 1.6 歐元／股的價格轉售曾以 0.85 歐元／股購進的股票，從而獲得大約 2000 萬歐元的可觀資本收益。然而，他還提到了行動的根本原因：來自美國國會議員的強制令。在所謂的腐敗背景下，他們準備採取報復性手段來獲取市場，特別是

在非洲國家的市場，因為那裡的交易都是以美元進行的。這些手段為 12 年後發生的阿爾斯通事件作了鋪墊，美國人用同樣的手段對法國的高管進行恐嚇，等他們一到美國就將他們逮捕。法國生產復蘇部長阿爾諾·蒙特布爾只會誇誇其談，卻無所作為，而首席執行官帕特里克·克朗耶不堪美國人的威脅也最終屈服。自從金普斯事件發生以來，這些卑鄙手段屢見不鮮，令人唏噓不已，並且幾乎沒有人關注實際情況。

德太投資集團開始在我身邊佈下天羅地網。當銀行要求我立即償還債務時，我束手無策，只能眼睜睜看着他們沒收我的資產。一夜之間，我一無所有，我在金普斯的股票，還有我所有的財產，包括我在倫敦的公寓，以及我讓法國造船廠 CMN 和 JMV 建造的「芭芭雷塔夫人號」雙體船。船殼是碳製的，製造技術一流，後來被億萬富翁理查德·布蘭森相中，以 530 萬英鎊買下，而這個價格遠低於它的實際價值。

「金普斯事件」成了典型案例，最終還波及了政治領域。2003 年 12 月 1 日，法國舉行了一場史無前例的企業家高端會議，法國情報部門的代表也參加了。

在會上，反經濟間諜活動的負責人讓－雅克·馬蒂尼談到當初意識到事情的嚴重性時已經太遲，並呼籲「繼金普斯事件之後，每個人都應該更加小心，以防此類事情再次發生」。

國民議會議員伯納德·卡拉永強調：「我們必須明白，在公司衝突的背後，是國家間的經濟利益衝突。在商業運作的背後是歐

洲的整體面貌。歐洲應該成為世界的花園、遊樂園還是創造財富的重要產業園和研究實驗室？我們是否應該為工廠外遷和人才外流而受到譴責？」他還倡導建立以美國現行法為藍本的法律，認為這是保護自身經濟利益的真正屏障。

為了說明這一點，我們將參考有關「陣風系列」戰鬥機的最新銷售情況。陣風戰鬥機由達索公司設計，技術一流，但實際上其出口銷量卻十分慘淡。2015 年，埃及購買了 24 架陣風戰鬥機來保衛其領空。這是一份重要且具有象徵意義的合同，除了戰鬥機之外，他們還附加了驅逐艦以及兩艘「米斯特拉爾」直升機母艦和導彈。

就在埃及考慮再訂購 12 架飛機時，美國採取了行動。依據美國法律，他們反對這筆交易並拒絕給達索公司提供組件。在「斯卡普」巡航導彈中出現了「美國製造」字樣的小型電子晶片，而導彈本身是由歐洲最大導彈生產商歐洲導彈集團製造的。由於交易合同是以美元為單位計價，就更方便美國的介入。這很好地說明了美國法律的域外性 —— 能夠肆無忌憚地觸碰歐洲大型工業集團的貿易政策。

此次會議中，我們還聽到了後來當選為法國總統的薩科齊的精彩發言：「自從我當上內政部長以來，給我留下深刻印象的一件事是，經濟戰不是一個概念，而是事實。如果我們不再與美國合作夥伴的戰略利益一致，明天將會發生甚麼？我們必須要問問自己！」

在此次「金普斯事件」中，法國表現得軟弱無能，公權力覺醒得太晚，某些情報部門的特工面對德太投資集團時過於天真，他們表示不方便介入私企事務。但許多事實已經證實德太投資集團的確是 CIA 的經濟間諜。儘管如此，法國卻一直在考慮其他與反恐相關的關鍵利益問題，如美國《愛國者法案》，所以一開始並沒有重視「金普斯事件」。

最終，在 2006 年，德太投資集團代表金普斯與跨國公司斯倫貝謝旗下晶片卡子公司雅斯拓進行合併。合併後的公司在華爾街上市，總部恰好設在加勒比海南部的庫拉索島。在美國最高當局的掩護下，德太投資集團最終完美地完成了任務，順利從金普斯撤資。

然而，一切還沒有結束。2019 年 7 月 11 日，法國生產復蘇部長阿爾諾·蒙特布爾在參議院舉行的聽證會上義憤填膺地說：「當時，由於受到美國司法指控，阿爾斯通總裁柏珂龍先生為了避免牢獄之災而背叛了自己的國家。」他還說：「這是民族之恥，我們不能就此罷休，要行動起來奪回我們的利益。」

因此，他指責政要人物失職且缺乏對抗美國的勇氣，意指奧朗德總統以及當時身為財政部長的馬克龍。他發自內心地呼籲必須取消阿爾斯通的出售合同。他建議一切回到從前，認為這份合同簽訂的初衷是要創造 1000 個工作崗位，而今顯然沒有遵循合同預期，而且結果令人沮喪：1000 個工作崗位即將消失。

可惜，阿爾諾·蒙特布爾部長終究還是失敗了。

　　美國的控制癖如同癌症一般由來已久、根深蒂固，法國人就
算想破腦袋，也想不出藥方。

　　故事的結局是，金普斯被嚴重肢解，美國依靠間諜系統建立
起了一套「監視資本主義」。其中唯一的亮點，就是最終由法國泰
雷茲集團（法國傳統的軍工生產企業）掌權金普斯，也就是後來
的金雅拓，或許這是受法國政府的指示。捕食者德太投資集團見
大事不妙，無獵物可取，便自動退出了舞台，畢竟，如今單靠美
國五大科技巨頭（GAFAM）[1] 便足以繼續監視全球，鞏固其統治。
但是，法國的人力戰略計劃卻因此損失慘重。

---

[1] 即谷歌、亞馬遜、Facebook、蘋果和微軟。

法國 21 世紀首個獨角獸公司的隕落

在這個令人憂傷的故事中，我獨自一人對抗美國強權勢力，結果不僅對我影響深遠，也對我的親朋好友造成了極大影響。

金普斯作為「法國 21 世紀首個獨角獸公司」，其財產、技術以及獨立性都遭到了嚴重侵害，但法國卻從未試圖捍衛金普斯，亦不曾保護過我。

或許是因為兩國領導人之間存在太多私利糾葛，尤其是在金錢方面的利益，這一切都暗藏在美法兩國情報部門發表的一些有關反恐的冠冕堂皇的言論之中。特別是小布什政府在 2001 年 9 · 11 事件後發佈了著名的《愛國者法案》，接著，美國便對伊拉克和利比亞等國家的人民實施了報復性犯罪行為，就是很好的證明。

我從未加入他們的「系統」之中，但也為此付出了慘痛的代價。

令人難以置信的是，美國通用電氣收購阿爾斯通一案所用套

路幾乎與 14 年前金普斯事件如出一轍。可以説，法國在過去這些年裡沒有任何改變！

阿爾斯通被收購後，法國媒體和政壇幾乎無動於衷，而在這次事件的主要受害者也就是我的朋友弗雷德里克·皮耶魯齊出版《美國陷阱》之後，他們也沒有作出任何回應。弗雷德里克在美國監獄被關了兩年，直到被迫認罪才獲釋，而法國政府竟對此沒有進行任何干預！

這明明是國家事務，但法國卻沒有對此高度重視，因為一旦深究便會牽扯到很多人，甚至是觸及法國高層人士的利益。

美國的卑劣行徑還在繼續！既然還未受到懲罰，美國的確沒有理由就此收手。

美國調查新聞網站「攔截者」上曾根據愛德華·斯諾登披露的信息發表過一篇長文，該文章詳細介紹了英國政府通信總部（GCHQ）的黑客如何「攔截」金普斯（現為金雅拓）用於保護 SIM 卡通信安全的密鑰。作為全球銷量領先的 SIM 卡生產商，金普斯也曾公開承認遭受過大規模間諜入侵。

英國政府通信總部可以説相當於美國國家安全局的分局，雖然位於英國西南部，但其財務和技術都由美國提供支持！二者聯合開發的黑客技術，在無須電信運營商或外國政府合作的情況下，便可破壞移動電話網絡的通信安全。默克爾和奧朗德等國家元首都曾以這種方式被竊聽，在 2011 年巴黎召開的 G7 峰會上，他們更是直接向奧巴馬就此事提出了控訴。但到目前為止甚麼都

沒有改變！

美國使用金普斯 SIM 卡監視全球的行為由來已久。在那張攝於 2000 年的照片中，美國總統比爾·克林頓以勝利者的姿態揮舞着一張金普斯卡，從那時起，美國的全球監視行動便開始了，並且在小布什時期（2001−2009 年）和奧巴馬時期（2009−2017 年）一直延續。再後來到特朗普時期，美國五大科技巨頭也都參與其中，如今拜登上台後依舊沒有改變。美國顯然沒有任何理由停止這種監視行為！

我們已經收到警告並且因此受到嚴重影響，而我們能做的，只有保護好自己。

第四章

一起創造不一樣的未來

金普斯擁有數十億用戶，掌握着諸多技術，而且能夠運用自身的技術收集個人信息。只不過金普斯過早地問世了，也許 15 年後才算得上是合適的時機。

自從美國五大科技巨頭及其全球數據庫採用了大數據及人工智能技術之後，它們所使用的技術都會全部提供給 CIA 及 NSA。他們現在提供的數據可以監測全球。儘管最近仍曝出了金雅拓晶片遭遇黑客入侵一事，但是相較於這些巨頭企業處理個人數據的能力，用黑客入侵晶片的方式收集個人數據早就已經落伍了。

在 9 · 11 事件之後，美國政府啟動了用於大範圍監視公眾的「棱鏡」項目。通過與五大科技巨頭暗中交易並進入其數據庫，美國政府調查個人情報的範圍變得史無前例地大。這正是愛德華 · 斯諾登自 2010 年以來揭露的事情。

正因此事，我們金普斯成了受害者。21 世紀伊始，我們發明了 SIM 卡，並因此提供了全球第一個可以用來搜集個人信息的工具。

不過就在剛剛，美國聯邦上訴法院裁定美國國家安全局監聽公眾的行為違法。這是個好消息嗎？

並非如此。因為只有在美國領土上對美國公民的監聽行為才是違法的。這一裁決並不適用於美國領土上的外國公民，也不適用於世界其他地方。而美國五大科技巨頭搜集信息的範圍遍及世界各地。

因此，美國國家安全局得以繼續在美國以外肆意妄為！

美國舊秩序面臨的眾多嚴峻問題

　　我必須用全球經濟的幾個非常重要且令人擔憂的數據來證明我的觀點。

債台高築的國家

　　考慮到新冠肺炎疫情造成的破壞，債務數據會更加令人擔憂。截至 2019 年 5 月 31 日，美國的債務總量達到 74 萬億美元，相當於其國內生產總值的 3.5 倍。

　　而到了 2020 年 9 月 30 日，即 16 個月之後，美國債務數額達到了 82.14 萬億美元，也就是其國內生產總值的 4.2 倍。

　　換言之，美國債務每天增加 125 億美元！我們生活在一個怎樣的世界！

　　美國全國的總債務包括家庭、學生、企業、地方機構、金融

機構（包括養老金機構、保險公司、公民儲蓄）的債務，當然還有聯邦政府的債務。

如果發生債務崩潰，一定是美國公民遭受最為嚴重的損失。在最近的美國大選過後，美國社會狀況就如同我們所知道的那樣：國家陷入嚴重分裂，美國人幾乎分裂成了勢均力敵且相互敵視的兩派；種族關係緊張；槍支問題氾濫，民眾手裡有超過 3 億支槍，並且就像西部片拍的那樣，他們的手指常常就放在扳機上。美國過度依賴信貸，個人也不例外，因此不難想像其破產之後將產生怎樣的後果。

但是美國並不會是唯一陷入此類危機漩渦的國家，許多持有美國債券的國家都會被拖下泥潭，但如今持有美國債券又能得到甚麼保障呢？

亞洲總共持有 3.853 萬億美元的美國債券，其中日本就佔了一半，而亞洲還在持續增持美國債券。歐洲則持有 2.15 萬億美元的美國債券，其中英國、愛爾蘭、比利時和盧森堡持有的金額尤為巨大。原本法國是受到美債危機影響最小的國家之一，但自從馬克龍當選總統之後，情況也在持續惡化。

所有選擇同美國的命運相聯結的國家，通常都必須忍受主權受損的壓力。現在這些國家都被捲進了這場規模空前的危機當中，因為美國坑害了自己最親近的「朋友」。特別是法國，為自己的好盟友美國承擔了巨大的風險。法國的 CAC 40 股價指數，受控於紐約僑民創立的美國貝萊德集團養老基金，而該基金持有大

量美國債券。因此如果美國「龐氏騙局式」的債務系統崩潰，貝萊德集團顯然會受到嚴重影響，那麼法國的 CAC 40 股價指數也會一併受到牽連。因此，法國別無選擇，只能全力支持美國的債務體系，因為美國債務體系的崩潰會導致法國經濟的崩潰。只有少數幾個國家得以佔據有利地位。值得一提的是：斯堪的納維亞五國（即丹麥、瑞典、芬蘭、挪威和冰島），意大利，巴西在內的拉丁美洲，德國，俄羅斯以及中國，不會被捲入美元大幅貶值的風波當中。

比如，俄羅斯就拋售了幾乎所有美元儲備，轉而大量購買黃金。這麼做的目的是為了避免受到美元這一廣泛使用的「制裁武器」和美國債務的危害。俄羅斯目前手裡持有的美債僅有 50 億美元，是法國的 1/26。中國一直以來都很謹慎，已經有一段時間沒有增持美國國債了。的確，如果美國經濟崩潰，中國將失去僅次於歐洲和亞洲的第三大貿易夥伴 —— 美國，並受到嚴重影響。但是，中國擁有廣闊的國內市場和快速發展的巨大的歐亞市場，這會讓中國比大部分主要國家更容易擺脫困境。而且，中國還有強大的政權，以及在危急時刻能夠團結一心、共渡難關的中國人民。

考慮到新冠肺炎疫情會不可避免地造成影響，我們上面描述的情況可能會進一步惡化。

美國逐漸開始自我懷疑

軍事領域

自第二次世界大戰以來，美國便一直扮演着「世界警察」的角色，並在柏林牆倒塌之後不斷強化其地位。然而目前這一地位已經明顯開始動搖。一方面，試圖控制世界上所有的海洋和陸地對於美國經濟而言負擔太重。同時，這些戰爭與傳統的戰爭大不相同，沒有確定的前線與明確的戰場，因此美國人民不理解這些戰爭有甚麼意義，更難以接受士兵在外戰死。

另一方面，俄羅斯在核導彈的射程和速度方面取得了巨大進步，使得美國的防衛系統幾乎都過時了。更不必提俄羅斯那些能夠潛到水下 400 米深處，有可能派往美國監視其沿海大城市的無人潛航器了。

過去人們常説一句話：「債務激增不是大問題，因為我們都知道這些債務永遠不會得到清償。只需要一場小小的戰爭，便能讓債務清零。」但現在這句話已經不再適用。到 2021 年，西方將不會再像 20 世紀那樣，能夠在世界大戰中取得勝利。在我看來，世界的重心已經轉移了！

網絡戰和網絡空間

我們剛剛邁入的是所謂「搬起石頭砸自己的腳」的領域，或

者換個說法，就像「迴旋鏢」那樣，發射之後會直接反彈到自己臉上。

美國可以通過 CIA 和 NSA 系統性地監視全球各國的領導人、企業和機構卻不會受到任何懲罰。2018 年，唐納德‧特朗普簽署通過了《雲法案》。這一法案使得美國五大科技巨頭更加服從美國政府的管控，並允許美國政府以維護國家安全的名義，搜索其位於其他國家的服務器數據。這對於世界各國而言都是無法忍受的。

在越南戰爭期間，以及在反對種族隔離鬥爭期間，一些美國大學反對美國政府的做法。我們希望像他們那樣，讓人們認識到美國五大科技巨頭才是對美國和人類民主的威脅。

在我看來，哈佛商學院的名譽教授肖莎娜‧朱伯夫是在美國科技巨頭如何竊取我們的私生活這一議題上剖析得最好的學者之一。她在 2019 年於美國出版了新書《監視資本主義時代》。在這本厚達 700 頁的巨著中，她解釋了 Facebook 和其他公司是如何讓我們進入資本主義新時代的。這些公司以完全不透明的方式積聚權力，甚至威脅到了人們最基本的自由權力。在書中她提到了「監視資本主義」。在「監視資本主義」時代，我們的存在本身變成了一種全球經濟新秩序的生產資料。只有少數超級國家和私人代表，在悄然無聲地攫取和利用極權和工具性權力，從而改變個人和社會的行為，甚至操控選舉。現在是打破現有狀態，進行重啟的時候了。僅僅依靠反壟斷訴訟和拆分巨頭的威嚇是不夠的。

但是，美國似乎也意識到它正在被自己設下的陷阱所困。之前，美國曾猛烈抨擊中國限制互聯網自由，比如指責中國要求Facebook 過濾其內容。美國一直在為美式民主的偉大歷史長河中神聖的「保護言論自由」搖旗吶喊，強烈抗議中國的管控。但是現在，美國卻要限制中國字節跳動公司旗下的抖音海外版在美國市場的運行，因為特朗普政府懷疑這款應用是「中國間諜」，會竊取用戶信息，並要求由一家美國公司接管。中國禁用 Facebook 的要求遭到了西方國家的批評，但是這件事最終證明了中國的做法是正確的。這就是為甚麼我在前面用了「搬起石頭砸自己的腳」這一說法。

還有一種情況讓美國政府深感憂慮。2020 年 10 月 1 日，美國眾議院情報委員會組建的調查委員會的報告稱，CIA 和 NSA 將在戰略、政策和軍事層面被中國對手全面超越。眾議院情報委員會主席亞當‧希夫的分析稱，美國被超越的原因是在 9‧11 事件發生以後，美國將所有資源和技術轉向了反恐和針對中東的軍事力量。他強烈建議美國採取有力行動，使自己可以在世界多地及網絡安全領域重新獲得政治和經濟影響力。

因此，NSA 就在最近發佈公告，列出了中國黑客為了獲取美國的敏感數據而正在利用的 25 個美國網絡系統漏洞。美國認為這些黑客正是由中國政府遠程操控的。

正如 2013 年 NSA 承包商前雇員愛德華‧斯諾登所揭示的那樣，全世界都知道 CIA 通過「棱鏡計劃」從事全球最大規模的

網絡竊密行動。需要補充的是，2020 年 11 月兩家瑞士加密公司
Omnisec 和 Crypto AG 曾被曝出在為 CIA 工作，同時與德國間諜
合作，為某些國家的聯邦機構、銀行和私營企業銷售提供留有後
門的加密通信設備。

美國擔憂的其他問題

美國經濟不景氣的第一個表現就是美元作為歷史標準貨幣的
地位受到威脅。越來越多的國際交易避免使用美元，因為美國曾
利用以美元結算的霸權地位制裁過很多國家。在許多石油和能源
交易中，美元不再是交易貨幣。

第二個讓美國領導人擔心的問題就是人口變化趨勢。美國白
人在 2050 年之前就會失去其在多數族群中的地位。自 2011 年以
來，美國境內「非白人」的新生人口首次超過半數。[1] 面對這一人
口趨勢，一些保守派的白人領導人可能會感覺受到威脅，並採取
激進措施。

第三個問題是，美國在過去幾十年裡已經從各地零散的農業
種植轉變為集約化農業生產了。一個災難性的後果是大部分的美
國人都在吃油炸食品，而這會對健康造成負面影響。我們只需要
看看許多肥胖的美國人在快餐店或者超市大吃特吃的可怕景象，
或者觀察美國高得嚇人的肥胖率和心血管疾病發病率，以及疲軟

---

[1] 來自美國布魯金斯學會人口統計學家的統計。

無力的美國醫療系統就能明白。

即使是在文化領域,美國的境況也令其領導人擔憂。具有諷刺意味的是,由於數字化普及時代的來臨,好萊塢在歷史上長期確立的全球統治地位可能不保。現在幾乎每個人都可以創作文化產品。隨着地方性、民族性和主題性網絡時代的來臨,美國社交網絡(如 Facebook)對政治的過多干涉及其對大眾輿論實行絕對控制的企圖最終會引火燒身。

第一次世界大戰結束後,時任法國總理喬治‧克列孟梭曾提及美國總統托馬斯‧伍德羅‧威爾遜。在此處引用他的話是合適的:「威爾遜實在是太擅長在沒有參加過的戰爭中獲利了。」

越來越多的國家反對美國

一些歐洲國家,特別是法國,發現在諸多領域都必須對美國企業實行嚴厲監管並限制其介入。

例如,到目前為止,美國五大科技巨頭利用不平衡的稅收安排來逃避稅收。這種做法讓人難以接受,並已演化為一個嚴重的問題。同樣,互聯網巨頭說客對歐盟委員會展開遊說的行為也是不可接受的。比如,相關遊說活動最近便引發了歐盟工業、數字及防務產業高級專員蒂埃里‧布雷東與 Facebook 首席執行官馬克‧朱克伯格之間的激烈衝突,而布雷東與谷歌首席執行官桑達爾‧皮查伊也發生過摩擦。

對於布雷東先生而言,互聯網環境不應是無人監管的「美國

西部」。所以，歐洲將實施《數字服務法案》，旨在對數字世界實行更嚴格的監管。

此外，在二戰結束和柏林牆倒塌之後，人們曾期待進入一個多邊平衡、多邊合作、局勢緩和的新世界，但讓很多人感到難以接受的是，取而代之的是一個由美帝國主義統治的、超越國家法律的、單極的、令人窒息的世界，這個世界充滿了不公正和罪惡的軍事干預。

現在，回到美國債務無限擴張這一問題。美債的不斷擴張引發了西方國家的巨大擔憂，並迫使西方國家考慮經濟「大重置」項目。這一項目是在 2020 年 1 月的世界經濟論壇上提出的，具體內涵是讓一切清零，在新的基礎上重新開始，並承諾採取更道德的行為。「大重置」這一概念顯然是由全球主義者和西方人提出的，簡言之就是在他們的控制之下建立新的世界秩序。西方國家在過去三四個世紀裡佔據世界經濟的獨霸地位，沒想到世界經濟竟會落到今天這般田地。

我很想看到，中國在不作出重大讓步的情況下，假意答應讓西方國家恢復對世界經濟的領導和統治，並接受這一對西方國家有利的「大重置」的情景。在我看來，中國會很自然地持觀望態度。中國可能也會受西方經濟崩潰的影響，但受到的影響要小得多，因為中國牽涉其中的程度不高。事實上，在當前美國債務危機導致的世界經濟異常嚴峻的形勢之下，中國是應對得最好的。無論世界經濟論壇提出的「大重置」是甚麼，這一論壇都因為受

新冠肺炎疫情的影響而無法在 2021 年 1 月如期舉行。該論壇預計會被推遲到 2021 年 8 月在新加坡舉行，而這還是在最理想的情況下。

　　但是，難道我們不會走到歷史的關鍵轉折點，目睹美利堅帝國的垮台嗎？

　　在人類的歷史長河中，難道不是所有的帝國有朝一日都會崩潰嗎？這是無法避免的。

如何避免跌落他國陷阱

為了捍衛自己，建設更好的世界，我們能夠採取甚麼措施？我們應該如何應對？

金普斯和我個人遭受的惡行與攻擊，使我不得不考慮採取更深層的措施來保護我們未來的生活、我們的公司，當然還有我們的朋友及同盟的公司，從而保護我們的業務。希望讀者不會為此感到驚訝。

美帝國主義的行徑使我蒙受了重大損失，而且我還處在面對美國進攻的第一線。但我認為自己已經吸取了教訓，我再也不想陷入圈套當中了。

在吸取這次不幸經歷的教訓後，我提出了幾點設想，可以與認真、積極、有創造性及凝聚力的夥伴一道付諸實踐，共同避免再次受困於美國的魔爪之下。

親愛的讀者，為了能夠建成一個更美好、更獨立的世界，下

面是我所要闡述的重點。我們的行動將集中在：

　　—— 構想一個全新的商業世界。

　　—— 將我們的優勢與技術、人口和社會的主要趨勢相融合。

　　—— 廣泛利用我們各自的特長。

　　—— 掌握並克服我們的弱點。

　　—— 匯集我們各自的創造力並重視教育。

　　在這裡，請允許我與你們一起圍繞這些主線展開論述。

構想一個全新的商業世界

　　金普斯的傳奇經歷，在法國已經成為經典案例（不過法國政府對這個教訓認識得太晚，沒能保護我們）。透過這一案例，你們應該能夠明白美國如何利用其全部的金融及司法權力，在先進工業領域強制推行帝國主義，而且這一行徑目前也逐步擴展到了數字領域。美國的目標很明確，那就是確保對世界經濟的掌控。那些試圖反對美國的人可要當心了！美國的司法武器不講情面，美國政府打着「法律戰」的幌子，搭建了強大的司法框架，從而發展出一整套制裁系統。

　　美國展開的「法律戰」，範圍可以延伸至其境外，目的就是攻擊和懲處被美國司法認定為敵方的國家或者項目。最近我們不就能夠看見像雷諾、標緻雪鐵龍和道達爾石油這些法國企業，僅僅因為唐納德‧特朗普的一道禁令就被迫離開了伊朗市場嗎？同樣，我們難道沒有看見法國達索飛機製造公司被禁止向埃及銷售

陣風戰鬥機，理由僅僅是其中裝載的一枚導彈含有一塊產自美國的小型電子元件嗎？

最後，僅以美國最臭名昭著的攻擊行徑為例，我們目擊了美國對中國企業充滿敵意的行為。最近，中國的兩大電信巨頭中興和華為便深受其害。中興因為在伊朗和朝鮮出售產品而遭到制裁，華為則是因為在 5G 技術取得了領先地位，而使美國無法接受。華為創始人任正非的女兒，同時也是華為首席財務官的孟晚舟，在加拿大時被美加兩國合謀逮捕，而且還面臨被引渡到美國的風險。所有這些都是美國以「間諜行為」為藉口進行的虛假指控。

為了防止美國濫用權力，我同合作夥伴商討之後，會在自己的商業活動中採取以下強有力的措施。

首先，我們在任何情況下都不會在交易中使用美元結算。事實上，法國天然氣集團道達爾之所以被迫退出伊朗市場，就是因為石油的美元計價機制。所以我們只會選擇歐元、人民幣與盧布作為貿易結算的貨幣。黃金這一擔保貨幣或許同樣重要。

其次，為了最大限度地避免來自美國的報復，我們應當拒絕使用任何產自美國的「工具」，特別是在互聯網領域。這顯然包括了不要使用美國五大科技巨頭提供的產品與服務，以及受美國管制的互聯網。華為推出了自己的操作系統鴻蒙 OS。我們認為這個做法很好，可以讓我們擺脫谷歌開發的安卓系統及蘋果開發的iOS 系統。也正因如此，我和中國朋友在我們的「口袋」裡，也就

共同擁有了一套能夠完美適應物聯網環境的操作系統，而物聯網很快將會遍佈全球。我們的操作系統將在每個方面都比現有的系統優越。我們可以將其與金普斯晶片類比，金普斯製造的晶片在當時引領了手機產業的騰飛，並成為全球通行的產品。物聯網及其管理不應再落入美國佬的「口袋」裡了。

在這一新領域，與潛在的中國夥伴進行合作將非常有益，特別是涉及物聯網在歐洲、非洲、南美洲和亞洲的管理部署。

最後，正如我們所看到的，控制半導體元件至關重要。我們在晶片卡產業剛起步的階段就已經意識到了這一點了。如今在電子元件領域，美國的反制措施讓人難以忍受。我們需要在這些技術領域實現完全的獨立自主，同時我們也要對一些來自「美國附庸」的渠道保持警惕。只要美國一聲令下，這些國家或地區便會斷供。台積電便是一個很好的例子。在美國的威脅之下，台積電被禁止繼續向華為銷售產品，而很多產品卻只有台積電才能生產。台積電只能啞忍。這實在令人憤恨！這簡直是長期性訛詐！

在這方面，我認為中歐之間的合作具有重要的戰略意義。

將我們的優勢與
技術、人口和社會的主要趨勢相融合

　　我們剛剛談到了在信息及數字技術領域不再受制於人的好處，而這一切都有賴於關鍵的電子元件。

　　然而，還有一些戰略領域對於中法兩國也很重要，特別是能源、水、某些關鍵礦產、農業、醫療及教育領域。

　　中國和法國（以及更廣泛意義上的歐洲）可以在這些領域展開合作，並對非洲這一非凡的「試驗場」進行共同開發。我認為，這對於我們各自國家的未來及獨立都至關重要。

　　讓我們首先列一張簡短的清單，這張清單包括未來幾十年的新興技術。

新興技術

5G 技術

在電信領域，5G 是繞不開的技術，特別是考慮到通信量呈指數級增長，以及在流量和網絡延遲時間方面的新需求。

幸運的是，中國因為有了華為而取得了巨大的進步，而美國則可悲地落在了後頭。這就能解釋為何美國不斷採取行動向歐洲施壓，目的就是讓歐洲國家和運營商疏遠華為，而且目前已經取得了一定的成效。美國的其他「附庸國」（如日本、印度、澳大利亞等）也都聽從美國的指示。在此，我希望重申一個關鍵事實，那就是在唐納德·特朗普的禁令下，美國製造商和台積電已經被禁止向華為銷售部分關鍵電子元件了。

這也就意味着華為在歐洲的處境將更加危險。不過在其他地方，特別是在非洲，華為就不會有那麼多的限制。如果非洲有了華為的 5G 技術，加上華為目前已經開始建設的光纖和星羅棋佈的基站，我們將會在非洲擁有非凡的試驗場地。

我預測，非洲大陸必然會成為世界上互聯網連接最為緊密的地方之一。我們必須參與其中，為非洲的發展貢獻一分力量，為當地人期望能夠實現的經濟、能源、水源、農業資源自主，以及糧食、教育和醫療資源自主貢獻我們的力量。

目前，我們在光纖領域已經開展了一些大有可為的項目。我

可以舉個例子：在吉布提（法國在東非的前殖民地），一整套光纖網絡將把這個小國與世界各地聯繫在一起，如中國、日本、阿聯酋、法國，當然還有其他一些歐洲國家和美國。吉布提將成為「一帶一路」倡議的一個重要節點，無論是在通信領域，還是在建設「非洲數字化大學」方面，或是在商業領域，吉布提都是我們進入非洲大陸的重要入口。

機器人、人工智能和 3D 打印

機器人技術正在向人類活動的各個領域滲透，包括最近在農業領域的應用。在製造業方面，那些曾經受制於勞動力成本太高的國家正變得越發有競爭力。波士頓諮詢公司剛剛發佈的年度報告顯示，目前中國的製造成本僅比美國低 5%。歐洲的情況則更為不利，因為企業負擔的社會保險支出太高了，只有更高的自動化水平才能縮小勞動力成本的差距。像墨西哥、印度、印度尼西亞、馬來西亞這些國家仍然具有競爭力，更不必說非洲國家了，它們甚至還沒有準確的勞動力成本數據。

人工智能這個術語目前也非常火。但在我看來，這個術語的表述並不準確，我們應該稱之為「增強智能」。事實上，機器人在創造和想像方面，當然還有情感方面，永遠都不能代替人類。機器人只會做那些我們命令它做並教會它代替我們做的事情。它唯一能做的便是增強人類在計算速度方面和搜索巨型數據庫方面的能力，從而輔助我們進行決策。機器人會做那些我們不想

做的工作。比如，它可以加快包裹分類的速度、收穫農作物、參與實驗室的工作，甚至參與外科手術。在未來的工廠裡，機器人將無處不在。

3D 打印，或者我們應當稱之為「增材製造」，是一項正在迅速發展的技術。這也是一項激動人心的技術，因為可以用來打印的材料種類越來越多，價格在下降，打印速度在加快，而且工業界正在學習在不同領域使用這一技術。這在不久之前還是難以想像的。我相信，我們將會邁向這樣一個世界：小型製造工廠分散在本地消費者的附近，根據需求提供完全私人定製的產品，並在幾天之內，甚至幾小時之內送達。「增材製造」也特別適用於設計和製造數十億個相互聯結的物體（物聯網），因為它將節省模具製造的成本和時間。這真是巨大的科技進步！中國在這方面的進步尤為顯著。中國企業能夠在很短的時間內，用前所未有的低成本建造出整棟建築；而且還能製造出迄今仍難以想像的混合材料，特別是隔熱材料。

物聯網

正如我多次提及的，物聯網已經貫穿於我們的日常活動，包括工業、經濟、物流和私人活動。由於「智慧城市」得到了廣泛部署，城市活動，包括居民家庭，都會受到物聯網的深遠影響。

直到此時，物聯網才得以大顯身手，因為只有利用 5G 技術

才能夠以前所未有的速度和流量實時處理大量信息。正是現在，我們才發現如今遍佈的 Wi-Fi（無線通信技術）已經過時了。通過光而不是無線電波傳輸數據的 Li-Fi（可見光無線通信技術）很快會取代 Wi-Fi，因為它在傳輸量、速度及安全性方面都有巨大優勢。光通過 LED（發光二極管）發射，因為 LED 是唯一能夠以需要的超高速傳輸調制信號的載體。中國掌握了 LED 和 5G 技術，便足以主導世界工業了！

此外，還有一個領域非常重要，即我們國家需要擁有自己的操作系統。這一操作系統不應當由美國五大科技巨頭提供（如安卓、iOS、Windows 系統等）。要想維護我們的獨立和安全，我們必須能夠自己管理數十億的日常數據。

能源

我們的經濟活動帶來的能源需求顯然也是一個關鍵領域。我們對能源的需求日漸增加，然而為了保護地球，環保要求正日益趨緊，同時也顯得越來越有必要。

許多國家的人民反對使用化石燃料（煤、石油、天然氣）。在大多數民眾反對的壓力之下，我們還有甚麼其他能源可以選擇呢？核能在這些國家也同樣遭到抵制，因此也不是解決問題的好辦法。

不幸的是，短期之內我們不能找到可以從根本上解決問題的方法。

提到能源，我想向讀者介紹 OPEC（石油輸出國組織）在奧地利維也納發佈的《2020 年世界石油展望》，裡面給出了直到 2045 年不同能源生產的預測數據（見表 4.1）。

表 4.1　截至 2045 年不同能源生產的預測數據

能源種類	總量（百萬桶 / 天）		佔比（%）	
	2019	2045	2019	2045
石油	91	99.5	31.5	27.5
煤	77.1	71	26.7	19.7
天然氣	66.9	91.2	23.1	25.3
核能	14.4	20.8	5	6.1
水能	7.3	10.5	2.5	2.9
生物能	26.4	35.5	9.1	9.8
可再生能源	6	31.4	2.1	8.7

備註：儘管比重略有下降，石油仍將是主要能源；煤炭的比重會下降，但仍將是第三大能源；天然氣將超越煤炭成為第二大能源；生物能比重將緩慢上升；可再生能源比重的上漲速度最快，但到 2045 年佔比仍不到 10%，佔比較小。

即使到了 2045 年，被認為是「高污染」的化石能源仍然佔能源總供給的 72.5%。

表 4.1 中的數據儘管因為受到新冠肺炎疫情的影響在短期內會有所波動，但總體上，由於全球氣候變暖而籲求減少人類影響的重大國際辯論的影響力仍然相對有限。

在所有的可再生能源中，我認為最應該發展的是太陽能，更確切地說是光伏發電。這項技術非常適合應用於居住着數百萬居

民的偏遠地區，尤其是非洲，或是陽光普照的島嶼。幸運的是，中國是世界上最大的光伏電池供應國。

説到風能，我們在歐洲，特別是在法國，會看到聲勢浩大的反風能運動。奇怪的是，這些運動大都是由所謂的「環保主義者」發起的，他們反對風力發電機裝置造成的視覺污染，以及建造所需的大量混凝土和不可回收材料。20 世紀在美國就曾有大量的風力發電場被拆除。

不幸的是，非洲的很多國家風力較弱。中國則是世界上最大的風力發電國，原因既包括中國積極發展風能，也包括中國擁有廣闊的未開發土地及風力強勁的地區。

能源領域還包括一些其他的重要問題。首先是儲存電力的問題。

事實上，如何處理可再生能源的不穩定性以及電力輸送是非常重要的問題。最傳統的儲存電力的方法就是電池。然而要想改善電池的性能並取得技術突破還很困難，需要考慮電池能量密度、充電速度、充放電循環次數（即電池壽命）以及電池重量和成本等因素。另外一大難題則是自然界中用來製造電池的原料正變得越來越稀少。

由於氫燃料電池的性能大幅提升且價格下降，應用氫燃料電池會是未來的一大選擇。世界各地都在進行氫燃料電池的實驗，因為這種電池非常環保。生產氫能的成本及所消耗的能源量目前依舊很高，但在未來可能會出現「天然氫」。就像石油公司開採甲

烷一樣，以後我們也可以在地幔下找到氫氣。我們正在研究這項
具有廣闊前景的技術。

其次是直流電的復興。

140 年前的 1880 年，托馬斯·愛迪生在紐約市電氣化改造的
戰爭中敗下陣來。愛迪生是直流電的堅定支持者，而紐約市卻選
擇了交流電，因為交流電可以高壓輸電。從那時起，幾乎所有商
業用電和居民用電都會使用交流電，也許只有鐵路運輸用電是例
外。但是，由於許多參數保持一致更有利於直流電的使用，交流
電主導的情況可能很快就會被改變。事實上，如今越來越多的設
備開始使用直流電。我們所有的便捷設備，如手機、音頻或視頻
設備、家用電器等，原本都是使用直流電的，轉換成交流電不僅
費用高昂，而且還會損耗約 25% 的能源。幾個重要的新趨勢將會
增加直流電的使用：電動或者混合動力汽車都使用 48 伏直流電
池發電；數字化的普及，特別是「智慧城市」，將需要用到直流電；
物聯網同樣需要直流電；將公共和住所的照明系統統一換成 LED
燈也有利於直流電的發展，因為交流電並不適用於這些部件；最
後，對於那些偏遠的地區，特別是在非洲大陸，像太陽能這樣的
可再生能源只能通過直流電供應。

真正的變革會發生在人類能夠實現核聚變的那一天。核聚變
將釋放無盡的能量，太陽和星星的能量正是來自這裡。為了實現
核聚變，全世界都在進行大量的實驗。其中最重要的就是「國際
熱核聚變實驗堆 (ITER) 計劃」，這一計劃涵蓋 35 個國家，其中

包括中國、日本、俄羅斯、印度、歐盟成員國和美國。核聚變能源也將是一種非常清潔的能源，它既不排放二氧化碳，也不產生放射性物質，而且所需的燃料取之不盡。不過這一計劃目前只是一個示範項目，預計最早也要到 2050 年才能完成。如果這項計劃成功了，人類在 21 世紀下半葉將可以使用這種新能源。有趣的是，我所居住的法國南部普羅旺斯省艾克斯市距離 ITER 計劃選址所在地卡達拉舍只有幾公里。

我答應你們，等 ITER 計劃成功後，我會私下裡為你們預留核聚變產生的幾千瓦電。

回到人工智能這一熟悉的話題，我不禁在此處引用 1956 年約翰・麥卡錫在著名的達特茅斯會議上說過的話：「自古以來，統治的慾望便更多與睪酮，而不是與智力相關。這是一種銘刻在我們基因裡的動物性行為，只是為了確保我們的生存。最聰明的人不一定是最有權力的人。」

我對此不予置評！

世界人口因素

要想對未來的諸多領域作出預測，顯然我們必須考慮到人口方面的因素。事實上，世界各地的人口都在發生變化，而人口變化必然會影響經濟。除了各國具體的人口數值，年齡曲線也會對經濟產生一定影響。預計到 2050 年，世界人口會從 2020 年的 76 億增

加到 100 億，之後會趨於穩定，但也有人預測的數字更為驚人。

從現在起到 2050 年，9 個國家的人口增長數量就將佔世界人口增長的一半以上：印度（增加 2.6 億）、尼日利亞（增加 1.95 億）、巴基斯坦（增加 1.17 億）、剛果民主共和國（增加 1.05 億）、埃塞俄比亞（增加 9000 萬），緊接着是坦桑尼亞、印度尼西亞、埃及和美國。

與此同時，預計 55 個國家的人口將會減少，其中包括中國（減少 3700 萬）、日本（減少 2000 萬）、俄羅斯（減少 1000 萬）、烏克蘭（減少 900 萬）、意大利（減少 700 萬），而屆時中東歐國家的人口也將大幅減少。

同時，許多國家的人口將趨於老齡化，但這並不必然意味着其生產力和活力的下降，德國便是很好的例子。不過，移民會變得越來越重要。事實上，氣候難民和經濟移民的數量都會越來越多。比如，預計到 2050 年，撒哈拉以南非洲的人口將會翻倍，這必然會掀起前往歐洲舊大陸的移民潮。此外，日本極高的自動化程度並不足以彌補其出生率下降和人口老齡化產生的後果。因此，有些人預測，日本可能會首次向移民敞開大門。

此外，水資源也可能引發諸多嚴重的問題。不過，許多非洲國家目前存在的緊張局勢，更多應歸咎於政府治理不善，資源分配不均以及國內存在的政治投機與腐敗現象，而不是由於這些國家的自然資源或農業潛力面臨枯竭。

不過我個人依然對此保持樂觀，因為我相信有了合適的盟友

以及有遠見且積極的戰略，我們就可以從根本上扭轉局面，將問題轉化為機遇。這將是我們下一節會談到的內容，即與獲得水、能源、農業資源、教育和醫療資源相關的內容，同時還會特別提到非洲這片充滿活力的年輕大陸面臨的巨大機遇！

中法共創美好未來

關於中國和法國優勢互補的提議

當今世界經濟戰爭愈演愈烈，美國挑起的衝突也日益增多。在這一背景下，我相信建立新型國家聯盟的做法是可取的。我在金普斯的親身經歷無疑讓我眼界大開。過去，我受到歷史和文化因素的影響，採取了與盎格魯－撒克遜世界合作的戰略。可是金普斯事件讓我如今轉向了同亞洲，特別是同中國進行更為緊密合作的戰略思想。

當初金普斯在國際市場，特別是在亞洲市場大獲全勝，然而美國市場卻一直抵制我們的晶片卡。這樣一對比，我的信念變得更加堅定了。

所以我要說清楚：不要和美國人一起工作，甚至還要與他們競爭。

在這裡，我想分析中法兩國各自的優勢，以便實現雙方優勢互補，並強化彼此的優勢。當然同時我還會分析各自的缺點，這不僅是為了認識到我們的不足之處，而且如果可以的話，還要儘可能地克服不足。

中國的主要優勢

正如我們所看到的，中國在許多技術領域都有相當大的優勢。特別是中國近 20 年來一直保持強大的活力，在世界上處於無可爭議的領導地位。尤其是那些與我們的活動和利益相關的技術，比如 5G、光纖、可再生能源、LED、3D 打印、物聯網等。即使是美國五大科技巨頭開發的數字服務，中國也有自己的一套極具競爭力的產品。這些產品由中國四大互聯網科技企業 BATX 開發，即百度、阿里巴巴、騰訊和小米。

我們還要提及在地緣戰略層面同等重要的領域，比如海運、核工業、電動汽車、航空、醫療衛生等，以及最近中國在航天工業領域的表現。

此外，可再生能源、微電子等產業都是未來非常重要的產業，而中國在擁有這些產業所需的稀有材料方面具有壟斷優勢。由於幅員遼闊、礦產豐富，中國自身的「戰略物資」就佔世界的66%，另外，中國同剛果民主共和國和南非簽署了許多協議。由於在當地影響力巨大，中國幾乎完全壟斷了這些材料。根據經濟合作與發展組織的數據，到 2060 年，對這些原材料的需求將會從

273

目前的 790 億噸增加一倍，達到 1670 億噸。

如果說中國有甚麼無可爭辯的優勢，那就是中國的活力、力量和效率。不過讓中國與西方世界與眾不同的關鍵之處，則在於中國能夠看得更長遠。據我分析，當西方社會的目光被引導投向企業的股票價格時，中國正在系統地規劃未來幾十年的目標。「一帶一路」倡議便是一個很好的例子。

中國在發展中國家，特別是在非洲國家有着巨大的影響力。在這些國家的基礎設施建設領域，如高速公路、鐵路運輸、新城建設、電子通信、礦產開採等，中國都發揮着重要作用。此外，在北京舉行的第八屆中非論壇上，習近平宣佈為非洲國家的經濟發展提供數百億美元的援助。

法國教師、綠色能源融資專家貝爾熱先生是中國主持起草的 ISO14000 標準（環境管理標準）的協調員。他表示：「如今看來，中國似乎最有能力為綠色融資提供一系列連貫的基礎規範。如果歐洲國家希望藉此掌控一些基本商品的資本，恢復一定的經濟自主，就應該採取中國的模式。」他在美國人接管金普斯之後強調：「這是因為誰擁有資本，誰就擁有了權力。」而後他繼續補充道：「通過保持對能源轉型領域關鍵企業資本的控制，以及對重要礦產和上述技術的掌控，中國實現了經濟的騰飛，使之得以躋身世界經濟大國前列。」

但是，中國取得的成就讓西方各國坐立不安、十分惱怒，中國因此成了西方媒體系統性負面報道的靶子。這些虛假報道主要

是由盎格魯－撒克遜媒體集團發出的。中國能夠迅速控制新冠肺炎疫情，降低損失，讓人印象深刻。相反，在歐洲，特別是在美國，人們正在目睹一場災難。西方媒體卻就此猛烈抨擊中國，指責中國是這一問題的源頭。這些指責簡直讓人難以置信。

2020 年 12 月 2 日，就在我寫作的當天，我聽到了法國新聞電台的報道：「昨天，中國的首個月球探測器成功着陸。」報道還說，中國已建成近 70 萬個 5G 基站。而此時的歐洲如果失去了美國五大科技巨頭提供的數字服務，歐洲人將難以生存。記者問道：「在過去的 20 年，歐洲各國作出了哪些貢獻？或許只有『生活的藝術』了吧！」

接下來讓我們談談歐洲。

歐洲的問題

1993 年 11 月 1 日歐盟剛剛成立之時，曾被世人寄予厚望。當時的人們希望努力建立世界上第一個經濟共同體，取消邊界管控，發行統一的貨幣（歐元），消除發生戰爭的風險。這種開創性的想法在當時廣受讚譽。

剛開始一切都還很美好，充滿希望。然而現在，我們必須承認歐盟在擴大至 27 個會員國之後，已然成為難以治理的「巨獸」。最初，這一組織只有 6 個初始會員國，然後很快變成 11 個，到了今天已經聚集了 27 個會員國。現在，歐盟已經是世界上最大的市場之一，擁有 4.43 億人口，全盟的國內生產總值排名全球第三，

僅次於美國和中國。

但是，本應管理歐盟這一異質性機構的歐盟委員會，如今卻成了技術官僚的全球總部。儘管法國前總統吉斯卡爾‧德斯坦是歐洲建設的堅定支持者，但是連他都宣稱：「歐盟委員會的主要工作就是竊取各個會員國的主權。」他正是逝世於我寫下這幾行文字的同一天，也就是 2020 年 12 月 2 日。

我們怎麼能指望在文化、語言、宗教、經濟，還有政治，特別是在移民政策等領域上存在着諸多差異的 27 個國家團結一致呢？就在最近，英國完成脫歐程序，離開了歐盟。

歐洲目前正在寅吃卯糧，讓後代背負債務。新冠肺炎疫情使這種局面更為惡化。

我注意到中國非常了解歐盟的這一情況。因為中國總是直接同歐盟國家單獨展開談判，而從來不會與歐盟委員會進行談判，特別是在推進「一帶一路」倡議時。目前中國已經與意大利和希臘等國簽署了海運和貿易方面的雙邊協議。

這就是為甚麼我建議中法兩國啟動直接合作的進程，或者更確切地説，建議中國同包括我公司在內的一些富有熱情的法國企業建立合作。

中法開展大規模雙邊合作的前景

我將法國稱為大國，聽起來可能會有些自大。從經濟、人口

和政治方面來説,法國現如今在國際舞台上意味着甚麼呢?乍一看,可能甚麼都不算。

法國本土(即在歐洲的領土)面積僅有 55 萬平方公里,排在世界第 42 位。法國人口 6700 萬,僅排在第 20 名。

因此,在世界範圍內,我們確實是一個「小國」。

然而,你們知道嗎?

——算上法國控制的海外領土和「專屬經濟區」(包括陸地和水域),法國領海面積約為 1100 萬平方公里,位居世界第二。

——自從最近法國獲得新的海上專屬區域之後,我們現在擁有世界上最大的海洋面積,共計 1300 萬平方公里。

——由於法國有很多海外領土,法國是全球唯一領土遍及四大洲的國家。

——法國也是唯一領土涵蓋一天中「最早」和「最晚」時區的國家:新的一天從法國的瓦利斯群島和富圖納群島開始,在法屬波利尼西亞的塔希提島結束。僅僅是法屬波利尼西亞群島橫跨的面積就比整個歐洲還大。

——法語的使用範圍遍及四大洲,在非洲大陸法語的使用範圍很廣。

——除了波利尼西亞,法國還擁有印度洋上的許多島嶼。

——法國的領土還延伸到大西洋的加勒比海和南美洲(法屬圭亞那)。因為金普斯在法屬圭亞那大獲成功,加之我非常喜愛那裡,以及我精通西班牙語(及西班牙語音樂),所以我到了那裡

就感覺像回到了家。

此外法國還在其他眾多領域有巨大優勢：

—— 旅遊業：世界上到訪遊客最多的國家之一。

—— 農產品加工業：以葡萄酒和烈酒聞名。

—— 水處理：淨化、淡化和循環利用。

—— 汽車配件：佔據優勢地位，如米其林輪胎。

—— 核電站：是主要供應商之一。

—— 奢侈品行業：位居世界第一。世界第一、第二及第七大奢侈品企業都是法國企業。

—— 海上運輸：法國具有充分優勢，如法國達飛海運集團。要知道全球約 90% 的貿易都是通過海運實現的。

—— 我們在民用和軍用造船業、近海資源開採、海底電纜建設、海洋研究等領域的能力也被廣泛認可。

—— 法國人也被認為是富有創造力的。比如：第一台個人計算機不就是在法國誕生的嗎？在互聯網出現之前，Minitel 難道不是世界上第一個大規模遠程通信網絡嗎？有些可惜，法國的工業水平尚顯欠缺，而其他國家做得更好。

—— 1789 年，難道不是法國人民率先掀起了革命的浪潮，從而建立了共和國嗎？

1969 年 1 月 25 日，法國的政治家戴高樂將軍宣佈：「未來海洋勘探與開發活動會越來越多。當然，世界各國都有尋求控制海洋的野心，希望能夠控制海洋活動與資源。我們法國人，必須在

目前進行的偉大事業中力爭上游。」

戴高樂將軍具有洞見、高瞻遠矚。他曾就經濟議題說道：「我很清楚，美元目前在國際貨幣和經濟體系中的霸權地位會帶來危險。美元的霸權地位，讓美國人背上債務，只不過他們是免費從外國借款。因為美國人欠了債，只需要發行美元償還即可。」50年後，現實證明他的預言是對的！

這就是為甚麼，戴高樂將軍一直希望能夠回到金本位制。

或許能讓這位偉人滿意的另一件事，便是法國剛剛宣佈要建造第二艘核動力航空母艦（第一艘被命名為「戴高樂」號）。與此同時，中國也在崛起。中國宣佈建造第二艘國產航空母艦，並且還有另外兩艘正在規劃建造中。2020年10月14日，法國新任海軍參謀長皮埃爾·瓦尼耶說道：「我們正處於一個新的地緣政治週期，海洋空間成為充滿摩擦、展現武力的場合，也許明天就會成為發生衝突之地。」他希望能以此證明法國加大對海軍的投入是正確的。

現如今，時代變了。只要我們拚搏進取，我們就會取得勝利！我們是有辦法的……

事實上，一些因素，特別是技術因素，已經發生翻天覆地的變化了。自從我被迫離開金普斯，我便一直投身研究海外國家的工作。

我的主要發現是：

——總體而言，對於這些偏遠的國家和地區來說，最重要的

是確保飲用水供應。這樣才能形成小型漁業和農業社區，或者成功建成小型旅遊中心。

—— 因為這些地方都是島嶼，所以都被海水環繞。並且，它們的環境總是像人間天堂般美好。

—— 但是從海水中提取淡水需要能量。而現在，有了太陽能電池板之後，我們就可以為小型海水淡化裝置供電了。這種電池板在世界各地都易於安裝，而且非常經濟實惠。

—— 這些島嶼的日照時間非常長，而且風能可以通過小型風力發電機發電。

—— 最常用的海水淡化技術是反滲透技術。由於世界各地的船隻都廣泛應用反滲透技術，該技術在成本和性能方面都取得了顯著進步。但是它同樣需要能量才能夠運作。

—— 另一個嚴重阻礙這些地方發展的問題存在於電信領域。目前已有解決方法。

—— 同時還應提到教育和衛生領域，這些領域到目前為止都還無法進行遠程管理。

請相信我，這些國家和地區剛剛到達了歷史上的轉折點：

—— 我們知道如何在日照充足、風力強勁的地方以經濟節約的方式利用太陽能和風能。

—— 有了能源，這些島嶼的用水便能夠實現自給自足了，而且價格十分低廉，不過這個設想到目前為止仍未實現。

—— 如今，電信和數字技術已經準備就緒。將這些技術應用

到所有孤零零的，甚至是被遺忘的國家和地區也就並非難事了。

──我們比以往任何時候都更熟練地掌握智能及節水農業技術，即永續農業①、海藻養殖、複合養殖②、無土栽培、漁業養殖等。

要想為這些地方提供水、電以及其他關鍵服務，以前的一貫做法是建造大型的發電廠並使用化石燃料或核能發電。至於要建造海水淡化廠，甚至發展集約化農業技術，就更需要這樣做了。但是，富裕國家和大型企業壟斷了這一切，因為只有它們才有足夠的財政資源，提前攫取化石燃料在內的能源，並將能源優先供應給大型城市社區。而如今，我們打破了這一通行模式。

因此，請允許我再說一次：我們現在到達了歷史真正的轉折點！在我所珍視的「小即美」理念的應用下，未來會發生翻天覆地的變化。這一理念適用於所有地方，不僅僅是富裕的國家，還有那些偏遠的國家和地區。非洲就是一個極佳的試驗場地，特別是在解決人口問題和氣候難民遷移的問題上。

正如法語常說的「cerise sur le gâteau」③，我的計劃中需要應用的幾乎所有必要的組件都來自中國，包括太陽能電池板、小型風力發電機、反滲透組件、用來裝海水淡化系統的海運集裝箱、由太陽能電池板供電並配備 LED 燈的獨立安全照明部件，以及電信

---

① 指以不耗盡地球自然資源的方式生產食物、能源等資源。
② 一般指魚菜共生養殖，即把水產養殖與水耕栽培這兩種原本完全不同的農耕技術，通過巧妙的生態設計，達到科學的協同共生效應。
③ 直譯為「蛋糕上的櫻桃」，即「錦上添花」的意思。

系統等。未來，我們為甚麼不藉助中國開發的、神奇的 3D 打印技術，在這些天堂般的地方建造小旅遊村呢？

想要開始實施、部署並經營我提出的計劃，就必須擺脫歐盟強加的狹隘框架。原因正如我前面所說的，歐盟的官僚主義無處不在，其反應之遲滯讓人難以忍受，並阻滯充滿活力的企業發展。而且在歐盟，在遊說團體的干預下，向來都是那些有錢有勢者才會得到幫助。

朋友們，通過重點關注我們能夠為偏遠的國家和地區帶來甚麼，特別是關注我們如何能讓非洲人民在食物、水、能源、教育、醫療及就業方面獲得充足的供應和自主的能力，我們便有機會讓人類邁出一大步。未來，我們必須養活地球上的 100 億居民，屆時大部分人口增長都來自貧窮國家。我們還必須盡一切努力防止他們變成氣候難民。

我們提出的方案可以迅速落地實施，成本非常低廉，而且有可能創造數百萬個新崗位。所有這些方案都嚴格遵循環保理念，因為我們所有設備使用的都是可再生能源。

我還想在此補充非常重要的一點。我們之所以提出這些設想，不僅僅是為了讓目前許多處於困境中的居民得以生存（包括水、食物、衛生、教育層面），更希望他們一旦在滿足生存需求之後，能夠有機會對自己的勞動成果加以利用。我們除了發展「綠色小型旅遊業」為當地創造就業崗位以外，還會向他們提供加工和銷售農產品、畜牧產品、水產品、工業品、手工藝品的渠道。

應當注意的是，很多島嶼都因為缺乏飲用水而無人居住。因此可以優先進行改造，讓這些島嶼變得宜居，然後引入居民，比如氣候難民和經濟移民到那裡居住。他們可以在這種特殊的環境中與家人生活並教育子女。

這種情景可能聽起來過於理想，但確有可能發生。同時應當記住，很多國家和地區的沿海有豐富的資源。我們可以在嚴格遵守生態環境保護的要求下近海開發這些資源。

最後，我們不要忘記，最有前途的資源是當地人民的潛力，是他們對進步的渴望，是他們的年輕和活力。我們擁有現代教育系統，如今哪怕相隔很遠都可以進行遠程操作。通過遠程教育，我們可以向非洲大陸上的眾多青年，即一個充滿創造力與智慧的社群提供教育。特別是在國家老齡化加劇的當下，這一做法顯得尤為重要。

總而言之，不要忘記數字技術的貢獻。我們未來的活動離不開數字技術，我們必須掌握數字技術，不再受困於美國五大科技公司的桎梏。我強烈建議應該使用我們自己研發的信息工具，特別是在操作系統層面。華為嘗試自己開發鴻蒙 OS 的做法值得稱讚。不過我認為，美國仍將持續對華為實施高壓政策。很多國家會同我們一樣，將在 5G 問題上承受重壓。這就是為甚麼我建議開發一套性能同樣出色的產品，而且相對「中立」。也許可以稱之為「我們非洲的操作系統」。

我們總會有解決方案的！

後　記

　　親愛的讀者，你們能夠從我的長篇辯護詞中得出甚麼結
論呢？

　　事實上，美國對我創建的金普斯實施的「搶劫」，讓我如夢初
醒，面對現實。我曾在美國工作多年，要麼是在美企工作，要麼
是在與美企有密切聯繫的企業工作，總之，我以前生活在盎格魯－
撒克遜文化圈裡。因為我創造的產品是面向全球的，所以，我培
養出了自己面向全球市場的文化與能力。但在我職業生涯的大
部分時間裡，我都沒有接觸到美利堅帝國在情報與竊密領域的惡
行，因而也就沒有作好與之鬥爭的準備。

　　信息及微電子技術的出現為 CIA 和 NSA 這樣的機構提供了
非常強大的新工具。這些竊密行動由美國政府遠程操縱，同時還
有一些國家（主要是英國）參與共謀。我發明的晶片卡可以讓這
些情報機構建立廣泛且強大的新型間諜系統，因為晶片卡是第一

款覆蓋全球的高科技數字產品。而數字間諜只需要坐在辦公室裡就能建立竊聽情報的網絡。

在他們竊取晶片卡這種工具時，我在不知不覺中成了第一個受害者。事實上，我正是美國掠奪者製造的這一病毒的「零號病人」。在這件事發生的 10 年以後，愛德華‧斯諾登向大眾揭露了「棱鏡計劃」；14 年以後，阿爾斯通被美國通用電氣公司掠奪及吞併，甚至連其高管也被美國判處入獄。而我竟然在被誣告違反美國對古巴的禁令之後逃脫了牢獄之災，這簡直就是個奇跡！

不過對我而言，這場讓我和家人深受創傷的悲劇已經過去了。有趣的是，經此一役，我變得更加積極主動。我可以毫不羞愧地說，美國目前和未來面臨的問題對於我和我的朋友及盟友而言都是一個獨特的機會。當然，這種說辭不僅僅是我個人的報復！

非凡廣闊的國際舞台就在我們面前，全球的人道主義和生態環保事業都在蓬勃發展。與中國合作，發揮各自的特長，採取「雙贏」戰略，我們能夠更加迅速地填補美國及其附屬國留下來的巨大真空。

我們正處於歷史重大變化的開端。美國的舊秩序問題重重，為我們提供了一個非凡的競技場，即非洲和其他偏遠國家與地區。而所有這些都是為了讓更多人能夠尋求到更有尊嚴的生活。

相信我，我們的精氣神和幽默感會助我們成功！

說到這兒，我剛剛看到法國國家電視台報道巴黎街道常見的

示威活動。

　　一個年輕漂亮的女孩舉着一個牌子，上面寫着：「老大哥、大數據、大製藥廠、巨無霸！不！！」

　　這讓我哈哈大笑！生活很美好，去奮鬥吧！

　　　　　　　　　　　　　　　　　　　馬克・拉敘斯

譯 後 記

從中興受罰到華為被禁，讓我們意識到中國晶片的發展之路崎嶇不平。中美晶片之爭是一場沒有硝煙的戰爭，也是一場持久戰、拉鋸戰。因此，中國若想走出晶片困境，必定同時需要勇氣和理性。而晶片行業全球領先者、世界最大 SIM 卡製造商——法國金普斯公司的經歷，或許能為中國提供可資借鑑的經驗。

本書由金普斯公司創始人、前董事長馬克·拉敘斯，和金普斯法國總部前亞太投資負責人古文俊合著。

馬克·拉敘斯是法國工程師及物理學家，獲得里昂大學理學博士學位。1967 年，他任職於美國的摩托羅拉公司實驗室，負責開發先進的半導體元件：存儲器和微處理器。1988 年，他在法國創建了金普斯公司。金普斯很快發展成為世界第一大晶片卡製造商及信息安全方面的領先企業，其主要生產包括銀行卡、SIM卡、醫保卡和身份證在內的多種個人信息安全產品。與 Facebook

公司相比，金普斯的用戶數量在更短的時間內便達到了數十億，金普斯的工廠遍佈全球，當然也包括中國。拉敘斯在全球範圍內取得了成功，他也得以結識了世界上的顯要人物，登上了最負盛名的雜誌頭條。但很不幸，當美國意識到可以藉助金普斯的 SIM 卡監控全球數十億用戶時，金普斯便成為美國情報部門「涉獵」的目標。美國中央情報局千方百計通過投資基金試圖控制金普斯，粗暴地趕走了馬克·拉敘斯，甚至對他施加經濟和精神上的雙重壓力，而當年法國政府卻坐視不管。今天，馬克·拉敘斯還沒有打算就此退休，他投身於一場新的科技變革，旨在為發展中國家獲取能源、水源、教育資源以及發展適度規模的智慧農業，研發最具創新性的技術，並積極倡導一種更加公平、更加平衡的國際關係。

　　古文俊，畢業於深圳大學，公派法國巴黎高等商學院（ESCP）進修，獲得法國國立路橋學校（ENPC）MBA 及法國馬賽第三大學國際法學院國際法雙碩士學位，曾任法國泰雷茲集團、金雅拓、金普斯 [①] 總部亞太投資負責人，大唐電信總裁助理，創毅集團副總裁，賽伯樂投資集團產業資深合夥人。曾參與包括 TD-LTE 基帶晶片在內的多項國家晶片領域重大專項研究，曾獲廣東省科技進步一等獎，曾任北京科學技術委員會特聘專家、中國互聯網協會特聘專家、TD-SCDMA 聯盟高級顧問。古文俊具有豐富的

---

① 金普斯跟雅斯拓合併形成金雅拓，後來併入泰雷茲集團。

高科技產業發展及投資經驗，並積累了廣泛的國際化產業資源及人脈。古文俊目前是協同創新資本聯席合夥人，負責中歐之間的產業及資本合作。

兩位作者通過對親身經歷的回憶，詳細講述了「金普斯事件」與「美國陷阱」的始末，慷慨分享了金普斯公司取得成功的經驗，揭露了美國情報部門運行機制的內幕。

本書譯校工作由北京大學國家法治戰略研究院牽頭組織，北京大學法學院強世功老師、中國社科院歐洲研究所孔元老師與北京大學法學院碩士研究生趙高雅統籌主持，法意編譯法語團隊 9 名譯者合作完成。具體分工如下：

繁體版序言、序章：譚偉業翻譯，張禹晗、邵晶巍校對；

第一章：董黛翻譯，董一秀、張禹晗校對；

第二章第一節至第四節：麻可翻譯，殷庭顥、張笑語、董一秀校對；

第二章第五節至第六節：張笑語翻譯，張禹晗、殷庭顥、董一秀校對；

第二章第七節至第十節：張禹晗翻譯，張笑語、殷庭顥校對；

第三章第一節至第三節：張禹晗翻譯，邵晶巍、張笑語校對；

第三章第四節至第六節：王肖豔翻譯，邵晶巍、張笑語校對；

第三章第七節：王肖豔翻譯，張笑語、張禹晗校對；

第四章、後記：譚偉業翻譯，張禹晗、邵晶巍校對。

全書的統稿與定稿工作由趙高雅、張禹晗完成。

在此向上述研究院、老師、譯者，以及參與本書出版和製作的全體工作人員表達衷心的謝意。

本書是作者根據中國市場改寫後的版本，與法語原版存在一定差別。同時內容偏敘述風格，譯者團隊在翻譯的時候力圖在不影響讀者理解的情況下保留了作者的行文特色。但鑑於譯者水平與時間有限，書中的錯誤和缺點在所難免，衷心希望廣大讀者給予批評指正。

責任編輯	陳 菲
書籍設計	彭若東
排　　版	肖 霞
印　　務	馮政光

書　　名	晶片陷阱 —— 霸權國家操縱、肢解他國企業的黑暗內幕
叢 書 名	焦點
作　　者	馬克·拉敘斯（Marc Lassus）　古文俊
譯　　者	法意
出　　版	香港中和出版有限公司 Hong Kong Open Page Publishing Co., Ltd. 香港北角英皇道 499 號北角工業大廈 18 樓 http://www.hkopenpage.com http://www.facebook.com/hkopenpage http://weibo.com/hkopenpage Email: info@hkopenpage.com
香港發行	香港聯合書刊物流有限公司 香港新界荃灣德士古道 220-248 號荃灣工業中心 16 樓
印　　刷	美雅印刷製本有限公司 香港九龍官塘榮業街 6 號海濱工業大廈 4 字樓
版　　次	2021 年 10 月香港第 1 版第 1 次印刷
規　　格	16 開(152mm×230mm) 304 面
國際書號	ISBN 978-988-8763-49-8